Racconti in Estone

Racconti in Estone per principianti e intermedi

Lisandra Tamm

greenthumbpublishing@gmail.com

Contenuti

Introduzione

La lettura di una lingua straniera è uno dei modi più efficaci per migliorare le competenze linguistiche e ampliare il vocabolario. Tuttavia, a volte può essere difficile trovare materiali di lettura coinvolgenti e di livello adeguato, che diano una sensazione di realizzazione e di progresso. La maggior parte dei libri e degli articoli scritti per i madrelingua può essere troppo lunga e difficile da capire, oppure può avere un vocabolario di livello molto alto, per cui ci si sente sopraffatti e si rinuncia. Se questi problemi vi suonano familiari, allora questo libro fa per voi!

Racconti Brevi in Estone è una raccolta di 25 racconti non convenzionali e divertenti pensati per aiutare gli studenti di livello da principiante a intermedio di Estone a migliorare le loro competenze linguistiche.

Questi racconti creano un ambiente di lettura di supporto, includendo;

- Ricchi contenuti linguistici in diversi generi per intrattenere l'utente ed esporlo a una varietà di forme di parole.
- Storie brevi in capitoli per darvi la soddisfazione di finire le storie e progredire rapidamente.
- Testi scritti al vostro livello in modo da essere più facilmente comprensibili e non opprimenti.
- Traduzione italiana a pagine alterne per potervi fare riferimento direttamente riga per riga durante la lettura della storia Estone.
- I vocaboli chiave sono stampati in grassetto lungo tutta la storia e la traduzione per aiutare a capire meglio le parole non familiari.

- Domande di comprensione per testare la comprensione degli eventi chiave e per incoraggiare la lettura più approfondita.

Se volete ampliare il vostro vocabolario, migliorare la vostra comprensione o semplicemente leggere per divertimento, questo libro è il più grande passo avanti che farete nei vostri studi quest'anno. I Racconti Brevi in Estone vi daranno tutto il supporto di cui avete bisogno, quindi sedetevi, rilassatevi e lasciate correre la vostra immaginazione mentre venite trasportati in un magico mondo di avventura, mistero e intrighi - in Estone!

Come utilizzare questo libro

La lettura è un talento difficile da padroneggiare. Nella nostra lingua madre usiamo una serie di micro-abilità per aiutarci a leggere. Ad esempio, possiamo sfogliare un brano per avere una comprensione approssimativa del contenuto. Oppure potremmo sfogliare numerose pagine di un orario ferroviario alla ricerca di un orario o di un luogo specifico. Mentre queste micro-abilità sono una seconda natura quando leggiamo nella nostra lingua madre, la ricerca rivela che spesso dimentichiamo la maggior parte di esse quando leggiamo in una lingua straniera. Quando si impara una lingua straniera, di solito si parte dall'inizio di un testo e lo si sfoglia, cercando di capire ogni singola parola. Inevitabilmente, ci imbattiamo in termini sconosciuti o complessi e ci infastidisce l'incapacità di comprenderli.

Uno dei maggiori vantaggi della lettura di una lingua straniera è quello di essere esposti a un gran numero di frasi ed espressioni che vengono utilizzate nelle situazioni quotidiane. La lettura intensiva è un termine usato per descrivere la lettura per piacere al fine di imparare una lingua. Non è come la lettura di un libro di testo, quando le conversazioni o i testi sono concepiti per essere letti lentamente e con attenzione con l'obiettivo di comprendere ogni parola. La "lettura intensiva" si riferisce alla lettura effettuata per raggiungere obiettivi di apprendimento specifici o per completare compiti. In altre parole, la lettura approfondita dei libri di testo di solito favorisce l'apprendimento di regole grammaticali e di un vocabolario particolare, mentre la lettura intensiva di storie favorisce l'apprendimento del linguaggio naturale.

I Racconti Brevi in Estone vi offriranno l'opportunità di conoscere meglio la lingua naturale Estone in uso, anche se forse avete iniziato il vostro percorso di apprendimento delle lingue esclusivamente con i libri di testo. Ecco alcuni suggerimenti da tenere a mente mentre leggete le storie di questo libro per trarne il massimo beneficio: Quando si tratta di leggere, il divertimento e il senso di realizzazione sono fondamentali. Si continua a tornare perché ci si diverte a leggere. Leggere ogni storia dall'inizio alla fine è il metodo migliore per godersi le storie e sentirsi realizzati. Di conseguenza, la cosa più importante è arrivare alla fine di una storia. È più importante che conoscere ogni singola parola.

Più si legge, più si acquisisce conoscenza. Se si leggono libri più grandi per piacere, si acquisisce rapidamente una conoscenza di come funziona la Estone. Tuttavia, tenete presente che per ottenere tutti i benefici della lettura estensiva, dovete prima leggere un volume sufficientemente consistente. Leggere qualche pagina qua e là può insegnare qualche parola nuova, ma non farà una differenza significativa nel livello generale di Estone.

Accettate il fatto che non riuscirete a comprendere tutto ciò che leggete in un romanzo. Questo è, senza dubbio, il punto più cruciale! Ricordate sempre che non capire tutte le parole o le frasi è assolutamente accettabile. Non significa che le vostre competenze linguistiche siano inadeguate o che il vostro rendimento sia scarso. Indica che state partecipando attivamente al processo di apprendimento.

Guida alla lettura

Per trarre il massimo beneficio dalla lettura di Racconti Brevi in Estone, è meglio seguire questo semplice processo di lettura in sei fasi per ogni capitolo dei racconti:

1. Leggete il titolo del capitolo. Pensate al tema della storia. Poi leggete la storia fino in fondo. Il vostro obiettivo è semplicemente quello di arrivare alla fine della storia. Pertanto, non fermatevi a cercare le parole e non preoccupatevi se ci sono cose che non capite. Cercate semplicemente di seguire la trama.

2. Quando arrivate alla fine della storia, scrutate la traduzione italiana per vedere se avete capito cosa è successo e per cogliere il contesto che vi è sfuggito.

3. Tornate indietro e rileggete la stessa storia. Se volete, potete concentrarvi di più sui dettagli della storia rispetto a prima, ma altrimenti leggete semplicemente un'altra volta.

4. Successivamente, leggete le domande di comprensione in Estone per verificare la vostra comprensione degli eventi chiave della storia. Se non capite completamente le domande, non preoccupatevi. Utilizzate le vostre conoscenze per rispondere al meglio.

5. A questo punto dovreste aver compreso gli eventi principali del capitolo. In caso contrario, potreste rileggere il capitolo alcune volte utilizzando la traduzione per controllare le parole e le frasi sconosciute fino a quando non vi sentirete sicuri.

Una volta che siete pronti e sicuri di aver capito cosa è successo - che sia dopo una o più letture della storia - passate alla storia successiva e continuate a godervi la storia al vostro ritmo, proprio come fareste con qualsiasi altro libro.

Solo una volta completata una storia nella sua interezza, si può pensare di tornare indietro e studiare il linguaggio della storia in modo più approfondito, se lo si desidera. Oppure, invece di preoccuparvi di capire tutto, prendetevi del tempo per concentrarvi su ciò che avete capito e congratularvi con voi stessi per quanto avete fatto.

Racconti in Estone

Lisandra Tamm

Tallinn

Tallinna linn on ilus koht. Tänavaid ääristavad **puud** ja hooned on kõik halli, valge ja musta eri toonides. See on rahulik linn, kuid õhus on tunda pinget. Sõja algusest on möödas kaks aastat. Kaks aastat on möödunud sellest, kui **pommid** hakkasid Tallinnale langema. Siinsed inimesed on õppinud sellega elama, kuid nad ei saa jätta mõtlemata, millal tuleb nende kord. Täna õhtul, nagu tavaliselt, on kõik oma kodudes kokku tõmbunud ja ootavad pommitamise algust. Aga täna on **teisiti**. Täna on õhus kummaline vaikus. Ükski lennuk ei lenda pea kohal ja ükski pomm ei lange taevast.

Järgmisel hommikul astuvad tallinlased ettevaatlikult välja. Tänavad on tühjad ja õhus valitseb õudne vaikus. Keegi ei tea, mida sellest arvata. Aeglaselt hakkavad **inimesed** oma kodudest välja tulema ja linna **avastama.** Nad leiavad, et kõik hooned on endiselt püsti ja kuskil ei ole mingeid kahjustusi. Nagu polekski sõda siin kunagi toimunud. Elanike seas hakkab kasvama lootus, kui kogu Tallinnas levib kuuldus, et linn on säästetud. Võib-olla tähendab see, et **sõda** on lõpuks ometi lõppenud? Võib-olla saavad nad lõpuks ometi hakata oma elu uuesti üles ehitama? Kuid just siis, kui inimesed hakkavad uskuma, et asjad hakkavad lõpuks ometi paranema, kuulevad nad lennukite **häält**

Tallinn

La città di Tallinn è un luogo bellissimo. Le strade sono fiancheggiate da **alberi** e gli edifici sono tutti di diverse tonalità di grigio, bianco e nero. È una città tranquilla, ma c'è una sensazione di tensione nell'aria. Sono passati due anni dall'inizio della guerra. Sono passati due anni da quando le **bombe** hanno iniziato a cadere su Tallinn. La gente qui ha imparato a conviverci, ma non può fare a meno di chiedersi quando arriverà il proprio turno. Stasera, come al solito, tutti sono rintanati nelle loro case, in attesa dell'inizio dei bombardamenti. Ma stasera è **diverso**. Stasera c'è uno strano silenzio nell'aria. Nessun aereo vola sopra di noi e nessuna bomba cade dal cielo.

La mattina dopo, gli abitanti di Tallinn escono con cautela. Le strade sono vuote e c'è un silenzio inquietante nell'aria. Nessuno sa cosa pensare. Lentamente, le **persone** iniziano a uscire dalle loro case e a **esplorare** la città. Scoprono che tutti gli edifici sono ancora in piedi e non ci sono danni da nessuna parte. È come se la guerra non ci fosse mai stata. Un senso di speranza comincia a crescere tra i residenti, mentre si diffonde in tutta Tallinn la notizia che la città è stata risparmiata. Forse questo significa che la **guerra** è finalmente finita? Forse possono finalmente iniziare

pea kohal. Ja siis hakkavad taas pommid langema.

Tallinna rahvas on **laastatud**. Nad olid julgenud loota paremale tulevikule, kuid nüüd tundub, et nende linn on hukule määratud. Kuid isegi keset kogu seda **pimedust** keelduvad nad alla andmast. Nad ehitavad oma linna ja elu uuesti üles, ükskõik mida see ka ei nõuaks. Sõda võis küll Tallinna hävitada, kuid ei suutnud murda selle rahva vaimu. Nad on linn, mis on käinud läbi **põrgu** ja tagasi, kuid nad ei anna kunagi alla. Ja nii jätkavad tallinlased võitlust, lootes paremale tulevikule. Ühel päeval on nende linn taas terve. Ja nad ei **unusta** kunagi seda, mida nad on läbi elanud.

a ricostruire le loro vite? Ma proprio quando la gente comincia a credere che le cose stiano finalmente migliorando, sente il **rumore** degli aerei sopra di sé. E poi le bombe ricominciano a cadere.

Gli abitanti di Tallinn sono **sconvolti**. Avevano osato sperare in un futuro migliore, ma ora sembra che la loro città sia condannata. Ma anche in mezzo a tutta questa **oscurità**, si rifiutano di arrendersi. Ricostruiranno la loro città e le loro vite, costi quel che costi. La guerra può aver distrutto Tallinn, ma non è riuscita a spezzare lo spirito dei suoi abitanti. È una città che ha attraversato l'**inferno,** ma non si arrenderà mai. E così gli abitanti di Tallinn continuano a lottare, sperando in un futuro migliore. Un giorno, la loro città sarà di nuovo completa. E non **dimenticheranno** mai quello che hanno passato.

Arusaamise küsimused

1. Milline on Tallinna linn?

2. Kui kaua on sõda kestnud?

3. Kuidas suhtuvad Tallinna elanikud sõjasse?

4. Mis juhtub ühel ööl sõja ajal?

5. Milline on Tallinna elanike reaktsioon järgmisel hommikul?

6. Miks on tallinlased lootusrikkad?

7. Mis juhtub, mis paneb tallinlased kaotama lootuse?

8. Kuidas tunnevad end Tallinna elanikud pärast sõda?

9. Mis on Tallinna rahva eesmärk?

10. Mida arvavad tallinlased oma linnast?

Domande di comprensione

1. Com'è la città di Tallinn?

2. Da quanto tempo è in corso la guerra?

3. Cosa pensano gli abitanti di Tallinn della guerra?

4. Cosa succede una notte durante la guerra?

5. Qual è la reazione degli abitanti di Tallinn la mattina dopo?

6. Perché gli abitanti di Tallinn sono fiduciosi?

7. Cosa succede che fa perdere la speranza agli abitanti di Tallinn?

8. Come si sentono gli abitanti di Tallinn dopo la guerra?

9. Qual è l'obiettivo degli abitanti di Tallinn?

10. Cosa pensano gli abitanti di Tallinn della loro città?

Suitsusaunad

Esimest korda astusin suitsusaunasse koos vanaisaga. Ta oli mulle sellest **aastaid** lugusid jutustanud ja ma olin lõpuks piisavalt vana, et temaga koos minna. See kogemus ei ole võrreldav millegi muuga, mida ma kunagi olen tundnud. Niipea, kui me sisse astusime, tabas **kuumus** mind nagu laine. Alguses võttis see mul hinge kinni, kuid siis hakkasin end lõdvemalt tundma ja mu lihased hakkasid lõdvenema. Istusime mõnda aega vaikides, nautides lihtsalt soojust ja üksteise seltskonda. Mõne aja pärast hakkas vanaisa mulle oma lemmiksaunalugusid jutustama. Üks neist rääkis sellest, kuidas ta sai nii kuumaks, et jäi minestama ja ärkas saunast **väljas** lumega kaetud!

Teine lugu rääkis sellest, et mõnikord istuvad inimesed saunas nii kaua, et nad hakkavad nägema asju, mida tegelikult ei ole - näiteks **kummitusi** või loomi. Kuid minu lemmiklugu oli see, kus kaks inimest, kes olid vaenlased, said lõpuks sõpradeks pärast seda, kui nad olid saunas koos aega veetnud - sest see näitas, et kuigi me ei pruugi alati kellegagi ühte meelt olla, võime siiski leida **ühise keele, kui me** oleme valmis koostööd tegema. Pärast kõiki neid lugusid kuuldes ei suutnud ma ära oodata, et kunagi ise suitsusauna proovida. Mõned aastad hiljem sain lõpuks oma võimaluse. Olime

Saune a fumo

La prima volta che sono entrata in una sauna a fumo è stata con mio nonno. Erano **anni** che mi raccontava storie al riguardo e finalmente ero abbastanza grande per andare con lui. L'esperienza è stata diversa da qualsiasi altra mai provata. Appena siamo entrati, il **calore** mi ha investito come un'onda. All'inizio mi ha tolto il respiro, ma poi ho iniziato a sentirmi più rilassata e i miei muscoli hanno cominciato a sciogliersi. Rimanemmo in silenzio per un po', godendoci il caldo e la compagnia reciproca. Dopo un po', il nonno iniziò a raccontarmi alcune delle sue storie **preferite** sulla sauna. Una riguardava una volta in cui si era scaldato così tanto che era svenuto e si era svegliato coperto di neve **fuori dalla** sauna!

Un'altra storia raccontava che a volte le persone si sedevano nella sauna per così tanto tempo che iniziavano a vedere cose che non esistevano davvero, come **fantasmi** o animali. Ma la mia storia preferita è stata quella in cui due persone che erano nemiche hanno finito per diventare amiche dopo aver trascorso un po' di tempo insieme nella sauna, perché ha dimostrato che anche se non siamo sempre d'accordo con qualcuno, possiamo comunque trovare un terreno **comune** se siamo disposti a lavorare insieme. Dopo

koos sõpradega **metsas** telkimas ja sattusime vana suitsusauna juurde, mis oli mahajäetud. Otsustasime seda proovida, kuigi teadsime, et see on tõenäoliselt ebaturvaline. Niipea, kui astusime sisse, tundsime **kividest** kiirgavat soojust.

Me kõik hakkasime üsna kiiresti higistama, kuid keegi ei tahtnud lahkuda, sest see tundus nii hea. Mõne aja pärast hakkas ühel mu sõbrannal **halb** enesetunne tekkima ja ta pidi minema välja värsket õhku võtma. Meie ülejäänud jäime veel mõneks ajaks sisse, enne kui me talle järgnesime. Kuigi see ei olnud kõige traditsioonilisem viis suitsusauna kogemiseks, oli see siiski hämmastav kogemus, mida ma ei **unusta** kunagi. Nüüdseks olen võtnud eesmärgiks külastada suitsusauna alati, kui saan. Selles kuumuses ja vaikuses on midagi sellist, mis aitab mul **lõõgastuda** ja mõtted selgeks teha. Ja kuigi mul ei ole alati kedagi, kellega lugusid jagada, naudin ma ikkagi seda, kui ma üksi saunas aega veedan. Sellest on saanud üks minu lemmikkohtadest ja ma tunnen end seal veedetud aja järel alati **paremini.**

aver ascoltato tutte queste storie, non vedevo l'ora di provare anch'io una sauna a fumo. Qualche anno dopo, ho finalmente avuto la mia occasione. Con un gruppo di amici eravamo in campeggio nei **boschi e ci siamo imbattuti** in una vecchia sauna a fumo abbandonata. Decidemmo di provarla, anche se sapevamo che probabilmente non era sicura. Non appena siamo entrati, abbiamo sentito il calore emanato dalle **pietre**.

Abbiamo iniziato tutti a sudare rapidamente, ma nessuno voleva andarsene perché ci si sentiva così bene. Dopo un po', una delle mie amiche ha iniziato a sentirsi **male** ed è dovuta uscire per prendere un po' d'aria fresca. Il resto di noi è rimasto dentro ancora per un po' prima di seguirla fuori. Anche se non era il modo più tradizionale di provare una sauna a fumo, è stata comunque un'esperienza straordinaria che non **dimenticherò** mai. Oggi mi impegno a visitare una sauna di fumo ogni volta che posso. Il calore e il silenzio mi aiutano a **rilassarmi** e a liberare la mente. E anche se non ho sempre qualcuno con cui condividere le storie, mi piace comunque passare del tempo in sauna da sola. È diventato uno dei miei luoghi preferiti e mi sento sempre **meglio** dopo averci trascorso del tempo.

Arusaamise küsimused

1. Milline oli peategelase esimene kogemus suitsusaunaga?

2. Kuidas tundis peategelane end suitsusaunasse sisenedes?

3. Mida tegid peategelane ja vanaisa suitsusaunas?

4. Miks oli peategelase lemmiklugu kahest vaenlasest?

5. Mis juhtus, kui peategelane ja tema sõbrad proovisid vana, mahajäetud suitsusauna?

6. Kuidas tunneb peategelane end pärast suitsusaunas viibimist?

7. Millest aitab suitsusaun peategelasel oma meelt puhastada?

8. Kus on peategelase lemmikpaik?

9. Miks meeldib peategelasele üksi suitsusaunas aega veeta?

10. Mida tunneb peategelane alati paremini pärast seda, kui ta on teinud?

Domande di comprensione

1. Qual è stata la prima esperienza del protagonista con una sauna a fumo?

2. Come si è sentito il protagonista entrando nella sauna a fumo?

3. Che cosa hanno fatto il protagonista e il nonno all'interno della sauna a fumo?

4. Perché la storia preferita del protagonista era quella dei due nemici?

5. Cosa è successo quando la protagonista e i suoi amici hanno provato una vecchia sauna a fumo abbandonata?

6. Come si sente il protagonista dopo aver trascorso del tempo nella sauna a fumo?

7. Che cosa aiuta la protagonista a liberare la mente dalla sauna al fumo?

8. Qual è il luogo preferito dal protagonista?

9. Perché alla protagonista piace passare il tempo nella sauna a fumo da sola?

10. Che cosa fa il protagonista che si sente sempre meglio dopo aver fatto?

Martsipan

Martsipanil oli **kohutav** päev. Esiteks ärkas ta hilja ja pidi kiirustama, et oma tööks pagariäris valmis saada. Siis, kui ta tööle jõudis, noomis teda ülemus hilinemise eest. Ja kõige tipuks rikkus ta kogemata terve partii **koogikesi ära**, sest lisas liiga palju jahu. Marzipan tundis end väga masendatuna, kui tema vahetuse lõppedes oli ta väga masendunud. Töölt koju minnes püüdis Marzipan end rõõmsaks teha, mõeldes kõigile asjadele, mida ta armastas: **maitsvate** küpsetiste küpsetamine, sõpradega koos olemine ja oma kassi Snickersiga kallistamine. Kuid ükskõik kui palju ta ka ei püüdnud, Marzipan ei suutnud oma halba tuju kuidagi maha raputada. Kui ta koju jõudis, otsustas Marzipan end mõnusalt kuuma **vanniga** hellitada. Võib-olla see parandaks tema enesetunnet.

Ta lisas veele rahustavat lavendliõli ja ronis vette. Pärast vanni tundis Marzipan end veidi paremini. Ta pani selga oma mugava pidžaama ja otsustas endale tassi **teed** teha. Kui ta ootas, et vesi keema hakkaks, kuulis ta koputust uksel. Kes see võis olla? mõtles Marzipan, kui ta läks uksele vastama. Kui ta ukse avas, nägi ta **üllatusega** oma sõpra Lily seal seisvat, laia naeratusega näol. “Tere!” “Ma loodan, et sa ei pane pahaks, et ma ootamatult sisse vaatan,” ütles Lily. “Ma

Marzapane

Marzapane stava vivendo una giornata **terribile**. Prima si è svegliata tardi e ha dovuto correre a prepararsi per il suo lavoro in pasticceria. Poi, quando è arrivata al lavoro, il suo capo l'ha rimproverata per il ritardo. E per finire, ha accidentalmente rovinato un'intera partita di **cupcake** aggiungendo troppa farina. Alla fine del turno, Marzapane si sentiva davvero giù di morale. Mentre tornava a casa dal lavoro, Marzapane cercò di tirarsi su pensando a tutte le cose che amava: preparare **deliziosi** dolcetti, passare del tempo con i suoi amici e coccolare il suo gatto Snickers. Ma per quanto si sforzasse, Marzipan non riusciva a liberarsi del suo cattivo umore. Una volta tornata a casa, Marzapane decise di concedersi un bel **bagno** caldo. Forse questo l'avrebbe fatta sentire meglio.

Aggiunse un po' di olio di **lavanda** all'acqua e vi entrò. Dopo il bagno, Marzapane si sentì un po' meglio. Indossò il suo comodo pigiama e decise di prepararsi una tazza di **tè**. Mentre aspettava che l'acqua bollisse, sentì bussare alla porta. Chi sarà mai? pensò Marzapane mentre andava ad aprire. Quando aprì la porta, fu **sorpresa di** vedere la sua amica Lily in piedi con un grande sorriso sul viso. "Ciao! Spero che non ti dispiaccia se sono passata senza preavviso",

tahtsin lihtsalt sinu järele vaadata, sest ma tean, et täna oli raske päev." Marzipan oli oma sõbra **hoolivusest** liigutatud ja kutsus ta sisse teele. Kui nad vestlesid ja vahetasid mõtteid, hakkas Marzipan end taas rohkem iseendana tundma.

Selleks ajaks, kui Lily lahkus, sai Marzipan aru, et mõnikord on vaja vaid **head** sõpra - ja võib-olla isegi mõned lavendlilõhnalised mullid -, et oma päev täielikult ümber pöörata. Järgmisel päeval ärkas Marzipan ja tundis end palju paremini. Ta oli otsustanud võtta oma päevast maksimumi ja mitte lasta millelgi end alla suruda. Pärast kiiret **hommikusööki** suundus ta kevadiselt pagariärisse. Kohe, kui ta sisse astus, märkas Marzipan, et midagi on valesti. Tema ülemus nägi **vihane** välja ja ümberringi oli mitu klienti, kes nägid pettunud välja. Kiiresti sai selgeks, et keegi oli öösel kõik küpsetusvahendid varastatud! Marzipan tundis end kohutavalt - see oli lihtsalt veel üks asi, mille pärast tema ülemus **pahane oli.**

disse Lily. “Volevo solo controllare come stavi perché so che oggi è stata dura”. Marzapane fu commossa dalla **premura** dell’amica e la invitò a prendere un tè. Mentre chiacchieravano e si aggiornavano, Marzapane cominciò a sentirsi di nuovo se stessa.

Quando Lily se ne andò, Marzapane capì che a volte basta un **buon** amico, e magari anche delle bollicine al profumo di lavanda, per cambiare completamente la giornata. Il giorno dopo, Marzapane si svegliò sentendosi molto meglio. Era decisa a sfruttare al meglio la giornata e a non lasciarsi abbattere da nulla. Dopo una **colazione** veloce, si diresse verso la pasticceria con una marcia in più. Appena entrata, Marzapane capì che c’era qualcosa che non andava. Il suo capo sembrava **arrabbiato** e c’erano diversi clienti che si aggiravano intorno a lei con aria frustrata. Fu subito chiaro che qualcuno aveva rubato tutto il materiale da forno durante la notte! Marzapane si sentì in colpa: era solo un’altra cosa per cui il suo capo era **arrabbiato**.

Arusaamise küsimused

1. Mida teeb Marzipan, kui ta töölt koju jõuab?

2. Mida ütleb Lily, kui ta näeb Marzipani?

3. Millest mõtleb Marzipan vannis olles?

4. Mida teeb Marzipan, kui ta näeb oma ülemust järgmisel päeval?

5. Miks oli Martsipani päev kohutav?

6. Mida teeb Marzipan, kui ta järgmisel päeval ärkab?

7. Millest mõtleb Marzipan tööle minnes?

8. Mida teeb Marzipan, kui ta näeb kliente pagariäris?

9. Mida arvab Martsipan vargast?

10. Mida teeb Marzipan loo lõpus?

Domande di comprensione

1. Cosa fa Marzapane quando torna a casa dal lavoro?

2. Cosa dice Lily quando vede Marzapane?

3. A cosa pensa Marzapane mentre è nella vasca da bagno?

4. Cosa fa Marzapane quando vede il suo capo il giorno dopo?

5. Perché la giornata di Marzapane è stata terribile?

6. Cosa fa Marzapane quando si sveglia il giorno dopo?

7. A cosa pensa Marzapane mentre si reca al lavoro?

8. Che cosa fa Marzapane quando vede i clienti della pasticceria?

9. Cosa pensa Marzapane del ladro?

10. Che cosa fa Marzapane alla fine della storia?

Pärnu

Päike oli loojumas Eesti väikelinna Pärnu kohal. Taevas oli kaunis oranžikas ja tähed hakkasid just välja tulema. See oli **rahulik** õhtu. Järsku kostis vali plahvatus. Linna kesklinnas asuv hoone varises kokku, prahti lendas kõikjale. Inimesed hakkasid karjuma ja jooksid igas suunas. Niipea kui tolm oli vaibunud, hakkasid inimesed kahju hindama. Paljud hooned hävisid või said plahvatuse tagajärjel kahjustada. Kõikjal oli **vigastatuid** ja mõned olid plahvatuse tagajärjel isegi surma saanud. Paanika hakkas puhkema, kui inimesed mõistsid, et see oleks võinud olla palju hullem, kui see oli. Nad ei teadnud, mis oli plahvatuse põhjustanud või kes võis selle eest **vastutada.**

Kui öö saabus, moodustati otsimisrühmad, et otsida **ellujäänuid**, kes võisid olla rusude alla jäänud või muul viisil võimetud end ise aitama. Esmaabi andsid endast parima, et jagada patsiente ja viia nad ohutusse kohta. Kuid kiiresti sai selgeks, et sellest saab kõigi asjaosaliste jaoks pikk öö. Järgmisel hommikul valitses linnas vilgas tegevus. Uurijad uurisid **rususid**, otsides vihjeid, mis oli plahvatuse põhjustanud. Hukkunute arv oli öösel tõusnud ja paljud inimesed olid ikka veel kadunud. Õhus valitses kurbus ja hirm. Kuid kogu selle **pimeduse** keskel oli ka headust ja kangelaslikkust.

Pärnu

Il sole stava tramontando sulla piccola città di Pärnu, in Estonia. Il cielo era di un bel colore arancione e le stelle stavano iniziando a spuntare. Era una serata **tranquilla**. All'improvviso, si udì una forte esplosione. Un edificio nel centro della città è crollato, facendo volare detriti ovunque. La gente cominciò a urlare e a correre in tutte le direzioni. Non appena la polvere si è posata, la gente ha iniziato a valutare i danni. Molti edifici sono stati distrutti o danneggiati dall'esplosione. C'erano **feriti** ovunque e alcuni erano stati uccisi dall'esplosione. Il panico cominciava a farsi sentire quando la gente si rendeva conto che la situazione avrebbe potuto essere molto più grave di quanto non fosse. Non si sapeva cosa avesse causato l'esplosione o chi potesse esserne **il responsabile**.

Al calar della notte, sono stati formati gruppi di ricerca per cercare eventuali **sopravvissuti** intrappolati sotto le macerie o comunque incapaci di aiutarsi. I primi soccorritori hanno fatto del loro meglio per smistare i pazienti e portarli in salvo. Ma è apparso subito chiaro che sarebbe stata una lunga notte per tutte le persone coinvolte. La mattina dopo, la città era un alveare di attività. Gli investigatori stavano setacciando le **macerie**, alla ricerca di indizi sulla causa

Inimesed tulid kokku, et aidata neid, keda tragöödia oli tabanud. Võõrastest said sõbrad, kes lohutasid üksteist ja püüdsid **juhtunust aru** saada.

Lõpuks ei olnud Pärnu pärast seda saatuslikku ööd enam kunagi päris sama. Kuid selle elanikud mäletaksid, kuidas nad tulid häda ajal **kokku** ja oleksid selle eest tugevamad. Plahvatusest on möödas 10 aastat. Pärnu on end uuesti üles ehitanud ja on nüüd taas edukas **kogukond.** Kuid sel aastapäeval võtavad inimesed ikka veel hetke, et meenutada neid, kes tol päeval kaotati. Mõne jaoks on see aeg, et mõelda, kui kaugele nad on viimase kümne aasta jooksul jõudnud. Nad mõtlevad kõigile tehtud **edusammudele** ja sellele, kui palju on nende linn muutunud paremaks. Teised kasutavad seda päeva võimalusena suhelda teiste inimestega, kes on nende kogemusi jaganud. Nad pakuvad üksteisele lohutust ja tuge, teades, et nad mõistavad, mis tunne on läbida midagi nii traumeerivat. Ükskõik, kuidas inimesed seda päeva ka ei veedaks, on üks asi selge: selle saatusliku **öö** sündmused ei unustata kunagi nende poolt, kes need läbi elasid.

dell'esplosione. Il bilancio delle vittime era salito durante la notte e molte persone risultavano ancora disperse. C'era una sensazione di tristezza e paura nell'aria. Ma in mezzo a tutta questa **oscurità**, ci sono stati anche atti di gentilezza e di eroismo. Le persone si sono riunite per aiutare coloro che erano stati colpiti dalla tragedia. Gli sconosciuti sono diventati amici mentre si confortavano l'un l'altro e cercavano di dare un senso a ciò che era **accaduto**.

Alla fine, Pärnu non sarebbe più stata la stessa dopo quella fatidica notte. Ma i suoi abitanti ricorderanno il modo in cui si sono **uniti** nel momento del bisogno e saranno più forti per il futuro. Sono passati 10 anni dall'esplosione. Pärnu si è ricostruita e ora è di nuovo una **comunità** fiorente. Ma in questo anniversario, la gente si prende ancora un momento per ricordare coloro che hanno perso la vita quel giorno. Per alcuni, è un momento per riflettere su quanta strada è stata fatta nell'ultimo decennio. Pensano a tutti i **progressi compiuti** e a quanto la loro città sia cambiata in meglio. Altri approfittano di questa giornata per entrare in contatto con altre persone che hanno condiviso la loro stessa esperienza. Offrono conforto e sostegno gli uni agli altri, sapendo che capiscono cosa significhi vivere un'esperienza così traumatica. Indipendentemente da come le persone scelgono di trascorrere questo giorno, una cosa è chiara: gli eventi di quella fatidica **notte** non saranno mai dimenticati da coloro che li hanno vissuti.

Arusaamise küsimused

1. Milline oli taevas, kui päike loojus Pärnu kohal?

2. Kuidas reageerisid inimesed, kui plahvatus toimus?

3. Mida tegid inimesed pärast seda, kui plahvatuse tolm oli settinud?

4. Mitu inimest sai plahvatuses surma?

5. Kuidas inimesed tundsid end hommikul pärast plahvatust?

6. Mida otsisid uurijad rusude seast?

7. Mida teevad mõned inimesed plahvatuse aastapäeval?

8. Mida teevad teised plahvatuse aastapäeval?

9. Mis on üks asi, mis on inimestele plahvatuse aastapäeval selge?

10. Mida ei unusta kunagi need, kes elasid selle plahvatuse üle?

Domande di comprensione

1. Com'era il cielo quando il sole stava tramontando su Pärnu, in Estonia?

2. Come ha reagito la gente quando è avvenuta l'esplosione?

3. Cosa fecero le persone una volta che la polvere dell'esplosione si fu depositata?

4. Quante persone sono rimaste uccise nell'esplosione?

5. Come si sentivano le persone la mattina dopo l'esplosione?

6. Cosa cercavano gli investigatori tra i detriti?

7. Nell'anniversario dell'esplosione, cosa fanno alcune persone?

8. Cosa fanno gli altri nell'anniversario dell'esplosione?

9. Qual è una cosa che è chiara alle persone nell'anniversario dell'esplosione?

10. Cosa non sarà mai dimenticato da chi ha vissuto l'esplosione?

Walpurgise öö

Oli Walpurgise öö ja kõik inimesed valmistusid kogu **väikeses** Sleepy Hollow'i linnas suureks pidustuseks. Lõkked olid süüdatud ja muusika mängis. Inimesed tantsisid ja **naersid**, nautides sooja kevadööd. Kuid oli üks inimene, kes ei tundnud end nii pidulikult. Tema nimi oli Abigail ja ta oli alles paar nädalat tagasi Sleepy Hollow'sse kolinud. Ta ei tundnud siin veel kedagi ja tundis end **võõrana**. Ta püüdis end hästi tunda, kuid see oli raske, kui ta tundis end nii üksi. Äkki kuulis ta, kuidas keegi tema nime hüüdis. See kõlas, nagu oleks nad hädas. Ta järgis häält, kuni jõudis metsas asuvale lagendikule, kus grupp inimesi oli kogunenud millegi ümber **maapinnale**.

Kui ta lähemale jõudis, nägi ta, et nad olid kogunenud ühe **laiba** ümber. See oli noor naine ja nägi välja, nagu oleks teda rünnatud. Kõikjal oli verd ja Abigailil hakkas kõhus halb. Rühm inimesi püüdis naist elustada, kuid oli juba liiga hilja. Ta oli kadunud. Abigail ei suutnud uskuda, mida ta nägi. See ei pidi juhtuma Walpurgise **ööl**; see pidi olema pidustuste aeg. Kuid nüüd oli õhus ainult surm ja kurbus. Inimeste rühm läks mõne aja pärast laiali ja Abigail jäi surnukehaga üksi. Ta ei teadnud, mida teha. Kas ta peaks abi otsima? Aga kes usuks teda, kui ta neile ütleks, mis oli juhtunud?

Notte di Valpurga

Era la notte di Valpurga e in tutta la **cittadina** di Sleepy Hollow la gente si stava preparando per la grande festa. I falò erano accesi e la musica suonava. La gente ballava e **rideva**, godendosi la calda notte di primavera. Ma c'era una persona che non si sentiva così festosa. Si chiamava Abigail e si era trasferita a Sleepy Hollow da poche settimane. Non conosceva ancora nessuno e si sentiva un'**estranea**. Cercava di divertirsi, ma era difficile quando si sentiva così sola. All'improvviso, sentì qualcuno che la chiamava per nome. Sembrava che fossero in difficoltà. Seguì la voce fino ad arrivare a una radura nel bosco dove un gruppo di persone era riunito intorno a qualcosa **per terra**.

Avvicinandosi, vide che erano riuniti intorno a un **corpo**. Era una giovane donna e sembrava che fosse stata aggredita. C'era sangue dappertutto e Abigail si sentì male allo stomaco. Il gruppo di persone stava cercando di rianimare la donna, ma era troppo tardi. Era morta. Abigail non riusciva a credere a ciò che stava vedendo. Questo non doveva accadere nella **notte** di Valpurga; doveva essere un momento di festa. Ma ora nell'aria c'erano solo morte e tristezza. Il gruppo di persone si disperse dopo un po' e Abigail rimase sola con il corpo. Non sapeva cosa fare. Doveva andare a chiedere

Lõppude lõpuks oli Walpurgise öö, öö, mil **nõiad** väidetavalt ringi käivad. Keegi ei usuks teda, kui ta ütleks, et see oli see, mis tappis naise.

Ta otsustas keha ise linna viia ja leida kedagi, kes saaks **aidata**. See oli riskantne, kuid ta ei teadnud, mida muud teha. Kui ta keha üles võttis, tundis ta, kuidas äkiline energiavoog läbis teda. Justkui oleks naise vaim sisenenud tema enda kehasse, andes talle **jõudu**. Abigail kõndis naisekeha süles linna ja läks otse šerifi kontorisse. Šerif heitis Abigailile ühe pilgu ja teadis, et midagi on valesti; ta nägi seda naise silmadest. Ta küsis naiselt, mis oli juhtunud, ja naine rääkis talle kõik algusest **lõpuni**.

aiuto? Ma chi le avrebbe creduto se avesse raccontato quello che era successo? Dopotutto, era la notte di Walpurgis, la notte in cui si diceva che le **streghe fossero in** giro. Nessuno le avrebbe creduto se avesse detto che era stato questo a uccidere la donna.

Decise di portare lei stessa il corpo in città e di trovare qualcuno che potesse **aiutarla**. Era rischioso, ma non sapeva cos'altro fare. Quando raccolse il corpo, sentì un'improvvisa ondata di energia attraversarla. Era come se lo spirito della donna fosse entrato nel suo corpo, dandole **forza**. Abigail entrò in città con il corpo della donna tra le braccia e andò dritta all'ufficio dello sceriffo. Lo sceriffo guardò Abigail e capì che c'era qualcosa che non andava; poteva vederlo nei suoi occhi. Le chiese cosa fosse successo e lei gli raccontò tutto dall'inizio alla **fine**.

Arusaamise küsimused

1. Mis oli selle naise nimi, kes tapeti?

2. Mida tundis Abigail, kui ta surnukeha üles võttis?

3. Miks ei tahtnud Abigail alguses šerifi juurde minna?

4. Mis oli Walpurgise öö?

5. Kuidas teadis rühm inimesi, et naine oli surnud?

6. Milleks kasutati metsas asuvat lagendikku?

7. Mida tegi rühm inimesi, kui nad leidsid surnukeha?

8. Millal otsustas Abigail surnukeha linna viia?

9. Kuidas teadis šerif, et midagi on valesti?

10. Mida ütles Abigail šerifile?

Domande di comprensione

1. Come si chiamava la donna uccisa?

2. Che cosa ha provato Abigail quando ha raccolto il corpo?

3. Perché Abigail non voleva andare dallo sceriffo all'inizio?

4. Che cos'era la Notte di Valpurga?

5. Come faceva il gruppo di persone a sapere che la donna era morta?

6. A cosa serviva la radura nel bosco?

7. Cosa ha fatto il gruppo di persone quando ha trovato il corpo?

8. Quando Abigail decise di portare il corpo in città?

9. Come ha fatto lo sceriffo a capire che qualcosa non andava?

10. Cosa disse Abigail allo sceriffo?

Kiiking

Päike oli loojumas horisondi kohal, heites taevasse ilusa oranži varjundi. Tuul puhus õrnalt, pannes lehed kahisema ja oksad kõiguma. See oli ideaalne **õhtu** kiikingi jaoks. Võtsin oma kiikingukepid ja suundusin lähedalasuvasse parki. Seadsin oma varustuse üles ja hakkasin jalgu üle kangi kiikima. Tundsin **adrenaliini** kiirust, kui kiirendasin. Tuul piitsutas mu juukseid ja riideid, kui ma läbi õhu lendasin. Maandusin kähku, kuid tõusin kiiresti uuesti püsti. Ma ei saanud teisiti kui naeratada, kui jätkasin kiikingit; see oli üks mu lemmikspordialasid. Õhus lendamises oli midagi sellist, mis pani mind tundma end elusana ja vabana. Kui õhtu hakkas loojuma, pakkisin oma asjad kokku ja suundusin koju, olles pärast õhtust Kiikingiõhtut **õnnelik** ja rahul.

Järgmisel hommikul olin varakult üleval, soovides taas välja minna ja Kiikile minna. Suundusin parki, kepid käes, kuid kui ma lähemale jõudsin, nägin, et **midagi** on valesti. Varustus oli kõik katki ja laiali maas. Näis, nagu oleks keegi püüdnud seda **öösel** vandaalitseda. Tundsin viha, kui vaatasin kahjustusi. Kes võiks sellist asja teha? Kiiking oli nii rahumeelne spordiala, et kellelgi polnud mingit põhjust seda rikkuda. Hakkasin kiiresti koristama, olles otsustanud, et see, kes seda tegi, ei lase mul oma **lemmikajaviisi** nautimist

Kiiking

Il sole stava tramontando all'orizzonte, proiettando nel cielo una splendida tonalità arancione. Il vento soffiava dolcemente, facendo frusciare le foglie e ondeggiare i rami. Era una **serata** perfetta per il Kiiking. Presi i miei bastoncini da Kiiking e mi diressi al parco vicino. Ho montato l'attrezzatura e ho iniziato a far oscillare le gambe sulla barra. Ho sentito una scarica di **adrenalina** mentre prendevo velocità. Il vento mi sferzava i capelli e i vestiti mentre volavo nell'aria. Atterrai con un tonfo, ma mi rialzai rapidamente. Non potei fare a meno di sorridere mentre continuavo a fare kiiking; era uno dei miei sport **preferiti**. C'era qualcosa nel volare in aria che mi faceva sentire vivo e libero. Quando iniziò a calare la notte, raccolsi le mie cose e mi diressi verso casa, sentendomi **felice** e soddisfatto dopo una serata di Kiiking.

La mattina dopo mi sono alzato presto, desideroso di tornare a praticare il Kiik. Mi sono diretto al parco con i miei bastoncini in mano, ma quando mi sono avvicinato ho capito che **qualcosa** non andava. L'attrezzatura era tutta rotta e sparsa a terra. Sembrava che qualcuno avesse tentato di vandalizzarla **durante la notte**. Provai un'ondata di rabbia mentre esaminavo i danni. Chi avrebbe potuto fare una cosa del genere? Il kiiking

takistada. Tunni aja jooksul oli kõik jälle paigas ja valmis, et seda uuesti kasutada. Hakkasin jalgu üle kangi õõtsutama, tundes **tuttavat** adrenaliinipurset, kui kiirust tõstsin. Jällegi tundsin end elusana ja vabana, kui lendasin Kiikingi kepikõnnil läbi õhu.

Parkis **juhtunust oli möödas** paar nädalat ja ma hakkasin end ebamugavalt tundma. Ma ei olnud pärast seda õhtut kedagi näinud ega kuulnud kellestki, kuid teadsin, et nad on ikka veel kusagil väljas. Olin ärevuses, kui suundusin uuesti parki, oma kiikingisaagid käes. Niipea kui ma kohale jõudsin, nägin, et **midagi** on valesti. Varustus oli taas kord kõik katki ja laiali maas. Kes iganes see ka polnud, oli jälle löönud. Seekord olid nad teinud veelgi rohkem kahju kui varem. Mu süda vajus, kui ma vaatasin sündmuskohta; näis, et seekord olid nad tõesti püüdnud kõike **hävitada.** Kuid nagu eelmiselgi korral, keeldusin ma laskmast neil takistada mind oma lemmikspordi nautimast. Tunni aja jooksul oli kõik jälle paigas ja valmis, et seda uuesti kasutada.

era uno sport così pacifico, non c'era motivo per cui qualcuno cercasse di rovinarlo. Cominciai subito a ripulire il tutto, deciso a non lasciare che chi aveva fatto questo mi impedisse di godermi il mio **passatempo** preferito. Nel giro di un'ora, tutto era tornato a posto e pronto per essere usato di nuovo. Cominciai a far oscillare le gambe sopra la barra, sentendo la **familiare** scarica di adrenalina mentre prendevo velocità. Ancora una volta mi sentivo viva e libera mentre volavo nell'aria sui miei bastoncini Kiiking.

Erano passate alcune settimane dall'**incidente** al parco e cominciavo a sentirmi a disagio. Non avevo più visto né sentito nessuno da quella notte, ma sapevo che erano ancora là fuori da qualche parte. Ero nervoso mentre mi dirigevo di nuovo al parco, con i miei bastoncini da Kiiking in mano. Appena arrivato, mi accorsi che c'era **qualcosa** che non andava. L'attrezzatura era di nuovo tutta rotta e sparsa a terra. Chiunque sia stato ha colpito ancora. Questa volta aveva fatto ancora più danni di prima. Mi si strinse il cuore mentre osservavo la scena; sembrava che questa volta avessero davvero cercato di **distruggere** tutto. Ma, proprio come l'ultima volta, mi rifiutai di lasciare che mi impedissero di godermi il mio sport preferito. Nel giro di un'ora, tutto era di nuovo al suo posto e pronto per essere utilizzato.

Arusaamise küsimused

1. Mis on peategelase lemmikspordiala?

2. Mida tunneb peategelane, kui ta on Kiiking?

3. Miks vandaalitseti peategelase varustust?

4. Kuidas tunneb peategelane end pärast seda, kui seadmeid teist korda vandaalitsetakse?

5. Mida teeb peategelane pärast seadmete vandaalitsemist?

6. Kuhu läheb peategelane Kiik?

7. Mis kellaaeg on peategelane Kiik tavaliselt?

8. Milline oli ilm, kui peategelane esimest korda loos Kiikingil käis?

9. Milliseid värve mainitakse loos?

10. Milliseid emotsioone tunneb peategelane kogu loo jooksul?

Domande di comprensione

1. Qual è lo sport preferito dal protagonista?

2. Che cosa prova il protagonista quando si trova in Kiiking?

3. Perché l'attrezzatura del protagonista è stata vandalizzata?

4. Come si sente il protagonista dopo che l'attrezzatura viene vandalizzata per la seconda volta?

5. Cosa fa il protagonista dopo che l'attrezzatura è stata vandalizzata?

6. Dove va il protagonista a Kiik?

7. A che ora del giorno il protagonista è solito fare Kiik?

8. Com'era il tempo la prima volta che il protagonista è andato a fare Kiiking nella storia?

9. Di quali colori si parla nel racconto?

10. Quali emozioni prova il protagonista nel corso della storia?

Kõpu tuletorn

Kõpu tuletorn on sajandeid olnud merele eksinud **meremeeste** lootusmärgiks. Nüüd aga ähvardab vana tuletorni hävitada võimas torm. Kui torm möllab, löövad **lained** vastu kaljusid, saates kõrgele õhku pritsmeid. Tuul ulgub läbi öö, rebides kõike, mis talle teele jääb. **Majaka** sees püüab noor naine Sarah meeleheitlikult hoida valgust põleval. Ta teab, et kui ta suudab vaid hommikuni vastu pidada, tuleb abi. Aga kui aeg möödub ja **torm** ei näita mingeid märke, et see vaibuks, hakkab Sarah lootust kaotama.

Ta teab, et ta ei suuda enam kaua vastu pidada. Äkki kuuleb Sarah **häält,** mis kutsub tema nime. Ta ei suuda seda uskuda - keegi on tulnud teda aitama! Ta jookseb ukse juurde ja viskab selle lahti, kuid teda ootab ees **veesein**. Torm on majakast läbi murdnud ja ujutab sisse. Sarah teab, et tal ei ole palju aega. Ta tormab trepist üles valgusruumi ja hakkab meeletult abi kutsuma. Kuid on liiga hilja. Vesi tõuseb tema ümber ja **neelab** ta oma tumedasse embusse. Kui ta sügavikku vajub, suudab ta mõelda vaid sellele, kuidas ta jättis hätta need, kes teda kõige rohkem vajasid. Päike tõuseb mere kohal, heites **vee** peale sooja kuma.

Kuid majakast ei ole mingit märki - **torm** on selle

Faro di Kõpu

Il faro di Kõpu è stato per secoli un faro di speranza per i **marinai** dispersi in mare. Ma ora il vecchio faro rischia di essere distrutto da una potente tempesta. Mentre la tempesta infuria, le **onde** si infrangono contro le rocce, mandando spruzzi in aria. Il vento ulula nella notte, distruggendo tutto ciò che lo ostacola. All'interno del **faro**, una giovane donna di nome Sarah cerca disperatamente di tenere accesa la luce. Sa che se riuscirà a resistere fino all'alba, arriveranno i soccorsi. Ma mentre il tempo passa e la **tempesta** non mostra segni di diminuzione, Sarah inizia a perdere la speranza.

Sa che non potrà resistere ancora a lungo. All'improvviso, Sarah sente una **voce** che la chiama per nome. Non può crederci: qualcuno è venuto ad aiutarla! Corre alla porta e la spalanca, ma si trova di fronte a un muro d'**acqua**. La tempesta ha fatto breccia nel faro e si sta riversando all'interno. Sarah sa di non avere molto tempo. Corre su per le scale fino alla stanza delle luci e inizia a cercare freneticamente di chiedere aiuto. Ma è troppo tardi. L'acqua sale intorno a lei, **inghiottendola** nel suo abbraccio oscuro. Mentre affonda negli abissi, l'unica cosa che riesce a pensare è come ha deluso coloro che avevano più bisogno di lei. Il sole sorge sul

täielikult hävitanud. Sarahi laip uhutakse kaldale paar päeva hiljem. Ta maetakse väikesele kalmistule tema kodulinna lähedal. Kui inimesed tulevad austust avaldama, ütlevad nad kõik, et ta oli **kangelane**, sest püüdis tuletorni päästa. Ja kuigi tal ei õnnestunud, ei unustata kunagi tema vaprust. Kõpu tuletorn võib olla kadunud, kuid selle vaim elab Sarah's edasi. Kõik, kes teda tundsid, mäletavad teda kui **ennastsalgavat** inimest, kes seadis alati teised esikohale. Ja kuigi tuletorn ei seisa enam, särab tema valgus ikka veel nende südames, keda ta **puudutas**.

mare, proiettando una calda luce sull'**acqua**.

Ma del faro non c'è traccia: è stato completamente distrutto dalla **tempesta**. Il corpo di Sarah viene ritrovato sulla riva qualche giorno dopo. Viene sepolta in un piccolo cimitero vicino alla sua città natale. Quando la gente viene a renderle omaggio, tutti dicono che è stata un'**eroina** per aver cercato di salvare il faro. Anche se non ci è riuscita, il suo coraggio non sarà mai dimenticato. Il faro di Kõpu sarà anche scomparso, ma il suo spirito continua a vivere in Sarah. Tutti coloro che l'hanno conosciuta la ricordano come una persona **altruista** che ha sempre messo gli altri al primo posto. E anche se il faro non è più in piedi, la sua luce brilla ancora nei cuori di coloro che ha **toccato**.

Arusaamise küsimused

1. Mis on peategelase nimi?

2. Mida teeb peategelane majakeses?

3. Mis on peategelase eesmärk?

4. Miks on tuletorn ohus?

5. Mida kuuleb Saara, kui ta on lõpu lähedal?

6. Mida teeb päike loo lõpus?

7. Milline on peategelase saatus?

8. Kuidas inimesed mäletavad Sarah't?

9. Mida ütleb autor lõpus tuletorni kohta?

10. Mis on teie arvates autori eesmärk selle loo kirjutamisel?

Domande di comprensione

1. Come si chiama il protagonista?

2. Cosa fa il protagonista nel faro?

3. Qual è l'obiettivo del protagonista?

4. Perché il faro è in pericolo?

5. Che cosa sente Sarah quando è vicina alla fine?

6. Cosa fa il sole alla fine della storia?

7. Qual è il destino del protagonista?

8. Come si ricorda Sarah?

9. Che cosa dice l'autore del faro alla fine?

10. Secondo voi qual è lo scopo dell'autore nello scrivere questa storia?

Kasemahl

Päike loojus mägede taha, heites roosa ja oranži kuma väikese Kasemahli küla kohale. Külaelanikud valmistusid öiseks pidulikuks ürituseks. **Platsil** olid lauad üles seatud ja igale aknale olid riputatud värvilised lipud. Platsi keskel seisis suur **pada, mis oli** täidetud mullitava kasemahlaga. See oli Kasemahli kõige kallim vara ja seda kasutati ainult erilistel puhkudel. Täna oli üks neist õhtutest. Kui pimedaks läks, hakkasid külaelanikud platsile kogunema, igaühel kaasas kruus aurava kasemahlaga. Nad võtsid oma kohad katla ümber ja ootasid kannatlikult oma järjekorda, et selle **pühast** sisust juua. Kui kõik olid saanud, tõstsid nad oma kruusid kõrgele, et **tõsta joovastust** Kasemahlile ja tema paljudele õnnistustele.

Siis jõid nad sügavalt magusat nektarit, tundes, kuidas selle soojus nende kehas levib nagu tuli külmal talveõhtul. Kasemahl avaldas külaelanikele oma tavalist mõju. Nad tundsid end õnnelikult ja rahulolevalt, nende mured sulasid ära nagu lumi kevadel. Muusika hakkas kõlama ja inimesed hakkasid tantsima. Peagi oli väljak täis **naeru** ja taktis trampivate jalgade heli. Õhtu edenedes hakkasid mõned külaelanikud end veidi uimaselt tundma. Nende liikumine muutus ebastabiilsemaks ja nad hakkasid nägema asju, mida

Kasemahl

Il sole stava tramontando dietro le montagne, proiettando un bagliore rosa e arancione sul piccolo villaggio di Kasemahl. Gli abitanti del villaggio erano impegnati nei preparativi per i festeggiamenti della notte. Nella **piazza** venivano allestiti tavoli e da ogni finestra erano appesi striscioni colorati. Al centro della piazza si trovava un grande **calderone** pieno di linfa di betulla che ribolliva. Era il bene più prezioso di Kasemahl e veniva usato solo in occasioni speciali. Questa notte era una di quelle. Al calar delle tenebre, gli abitanti del villaggio cominciarono a radunarsi nella piazza, ognuno con un boccale di linfa di betulla fumante. Presero posto intorno al calderone e attesero pazientemente il loro turno per bere dal suo **sacro** contenuto. Quando tutti furono serviti, alzarono in alto i boccali per **brindare** a Kasemahl e alle sue numerose benedizioni.

Poi bevvero profondamente del dolce nettare, sentendo il suo calore diffondersi nei loro corpi come il fuoco in una fredda notte d'inverno. La linfa di betulla stava facendo il suo solito effetto sugli abitanti del villaggio. Si sentivano felici e contenti, le loro preoccupazioni si scioglievano come neve in primavera. La musica iniziò a suonare e la gente cominciò a ballare. La

tegelikult ei olnud. Varsti lamasid nad kõik maas, kikerdades kontrollimatult **mitte millegi üle**. Siis ilmus nende ette Kasemahl. Ta oli **ilus** naine pikkade voolavate juustega ja lumivalge nahaga. Tema silmad olid läbitungivalt sinised ja huuled punased nagu veri.

Ta naeratas neile kõigile sõbralikult, enne kui rääkis pehmel häälel, mis tundus kogu väljakul kajavat. "Mu lapsed, mul on nii hea meel, et te kõik olete tulnud täna koos minuga **tähistama.** See on tõepoolest eriline sündmus. Sest täna õhtul saate te kõik kingituseks minu kasemahla. See püha nektar voolab läbi teie veenide ja täidab teid minu väega. Te näete asju, mida ükski surelik pole kunagi varem näinud, ja te saate teada asju, mis on seni olnud teie eest varjatud. **Võtke** see kingitus **vastu**, sest see on tõepoolest haruldane. " Nende sõnadega hakkas Kasemahl ümber väljaku tantsima, jalad vaevu maad puudutavad. Külaelanikud vaatasid aukartusega, kuidas ta keerles ja hüppas, tema seelikud lehvimas nagu **tiivad** ümberringi. Ta näis seestpoolt hõõguvat, heites teispoolset **valgust** kõigele, mida ta puudutas.

piazza si riempì presto di **risate** e del suono dei piedi che battevano a tempo. Con il passare della notte, alcuni abitanti del villaggio cominciarono a sentirsi un po' storditi. I loro movimenti divennero più irregolari e cominciarono a vedere cose che in realtà non c'erano. Ben presto si ritrovarono tutti a terra, ridacchiando in modo incontrollato per il **nulla**. Fu allora che Kasemahl apparve davanti a loro. Era una donna **bellissima**, con lunghi capelli fluenti e la pelle bianca come la neve. I suoi occhi erano di un azzurro penetrante e le sue labbra erano rosse come il sangue.

Sorrise a tutti loro con gentilezza prima di parlare con una voce dolce che sembrò riecheggiare nella piazza. "Figlioli, sono molto contenta che siate venuti a **festeggiare** con me stasera. È un'occasione davvero speciale. Questa sera, infatti, tutti voi riceverete in dono la mia linfa di betulla. Questo nettare sacro scorrerà nelle vostre vene e vi riempirà del mio potere. Vedrete cose che nessun mortale ha mai visto prima e conoscerete cose che vi sono state nascoste fino ad ora. **Accogliete** questo dono, perché è davvero raro". "Con queste parole, Kasemahl iniziò a danzare intorno alla piazza, con i piedi che toccavano appena il suolo. Gli abitanti del villaggio la guardarono stupiti mentre volteggiava e saltava, con le gonne che le si aprivano intorno come **ali**. Sembrava che brillasse dall'interno, proiettando una **luce** ultraterrena su tutto ciò che toccava.

Arusaamise küsimused

1. Mis oli väljaku keskel asuvas katlas?

2. Mida tegid külaelanikud, kui nad kogunesid väljakule?

3. Mis oli kasemahla eesmärk?

4. Kuidas tundsid külaelanikud end pärast kasemahla joomist?

5. Kes oli Kasemahl?

6. Mida ütles Kasemahl külaelanikele?

7. Mida vaatasid külaelanikud, mida Kasemahl platsil tegi?

8. Kuidas Kasemahl välja nägi?

9. Mis juhtus külaelanikega pärast Kasemahli lahkumist?

10. Millist sündmust tähistasid külaelanikud?

Domande di comprensione

1. Cosa c'era nel calderone al centro della piazza?

2. Che cosa hanno fatto gli abitanti del villaggio quando si sono riuniti in piazza?

3. Qual era lo scopo della linfa di betulla?

4. Come si sono sentiti gli abitanti del villaggio dopo aver bevuto la linfa di betulla?

5. Chi era Kasemahl?

6. Cosa disse Kasemahl agli abitanti del villaggio?

7. Cosa hanno visto fare a Kasemahl gli abitanti del villaggio in piazza?

8. Che aspetto aveva Kasemahl?

9. Cosa è successo agli abitanti del villaggio dopo la partenza di Kasemahl?

10. Qual era l'occasione che gli abitanti del villaggio stavano festeggiando?

Skype

Kell oli 8 hommikul, kui ma ärkasin oma **äratuskella** helina peale, mis kostis kõrva. Tõusin laisalt voodist üles, tundes, et olen päevade kaupa maganud. Kui ma lülitasin äratuskella välja, nägin ma oma sülearvutit teisel pool tuba oma laual ja mulle tuli äkki mõte. Selle asemel, et kooliks valmistuda, võiksin lihtsalt oma voodis mugavalt Skype'i kaudu oma tundidesse minna! Käivitasin kiiresti oma arvuti ja logisin Skype'i sisse, veendudes, et kõik mu tunnid on **õiged,** enne kui helistasin igaühele eraldi. Et aega kokku hoida, panin oma sülearvuti ette isegi väikese “klassiruumi”, kus olid **õpikud** ja märkmed, et tundide ajal näeks välja, nagu oleksin tähelepanelik (kuigi me kõik teame, et ma ei ole seda).

Kõik näis kulgevat plaanipäraselt, kuni meie ajalooõpetaja hakkas mulle otse küsimusi esitama... millele ma muidugi ei teadnud ka vastust, sest ma ei olnud üldse kuulanud! Paanikas püüdsin ma vastust välja mõelda, kuid õnneks päästis mind keegi teine, kes vastas hoopis **õigesti.** Puhh! See oli lähedal. Sellest ajast alates jälgisin, et ma tunnis tõesti kuulaksin (või vähemalt teeskleksin, et kuulan), et mind ei kutsutaks jälle välja. See oli palju lihtsam, kui ma arvasin, ja varsti oli koolipäev läbi. Kui ma Skype'ist välja logisin ja

Skype

Erano le 8 del mattino quando mi svegliai al suono della **sveglia** che mi rimbombava nelle orecchie. Mi alzai pigramente dal letto, come se avessi dormito per giorni. Mentre spegnevo la sveglia, i miei occhi hanno scorto il portatile sulla scrivania dall'altra parte della stanza e all'improvviso mi è venuta un'idea. Invece di dovermi preparare per la scuola, avrei potuto seguire le lezioni su Skype comodamente dal mio letto! Avviai rapidamente il computer e mi collegai a Skype, assicurandomi che tutti gli orari delle lezioni fossero **corretti** prima di chiamarli singolarmente. Per risparmiare tempo, ho anche allestito una piccola "aula" di fortuna davanti al mio portatile con alcuni **libri di testo** e appunti, in modo che sembrasse che stessi prestando attenzione durante la lezione (anche se sappiamo tutti che non lo avrei fatto).

Tutto sembrava andare secondo i piani fino a quando il nostro **insegnante** di storia ha iniziato a fare domande direttamente a me... Ovviamente, non sapevo nemmeno la risposta, perché non avevo ascoltato affatto! In preda al panico, ho cercato di inventare una risposta, ma fortunatamente qualcun altro mi ha salvato rispondendo **correttamente**. Uff! Ci siamo andati vicini. Da quel momento in poi, mi sono assicurata di

valmistasin end õhtusöögiks **alla** minema, ei saanud ma muud teha, kui olla enda üle uhke, et ma selle väikese skeemi edukalt läbi viinud olen. Alles hilisõhtul sain aru, et olin unustanud kodutöö ära teha... Ups! Noh, alati on olemas homne päev.

Järgmisel päeval ärkasin veidi hiljem kui tavaliselt ja kiirustasin oma sülearvutit õppetööks seadistama. Kui ma aga üritasin Skype'i sisse logida, tuli mulle veateade, et mu konto on peatatud. Uh oh... paistab, et keegi on minu väikesest plaanist aru saanud! Paanikas helistasin kiiresti **kooli** kontorisse, kus mulle öeldi, et nad olid tõepoolest teada saanud, mida ma tegin, ja et nad ei olnud selle üle õnnelikud. Karistuseks pidin nüüdsest alates osalema kõikides oma tundides isiklikult - enam ei saa ma skype'ile minna! See ei olnud **ideaalne** tulemus, kuid vähemalt sain oma õppetunni: ära püüa **süsteemi** petta, sest lõpuks jääd sa ikkagi kinni!

ascoltare davvero in classe (o almeno di fingere di farlo) per non essere richiamata di nuovo. È stato molto più facile di quanto pensassi e in breve tempo la giornata scolastica è finita. Mentre mi disconnettevo da Skype e mi preparavo a **scendere per la** cena, non potei fare a meno di sentirmi orgogliosa di me stessa per essere riuscita a portare a termine questo piccolo piano. Solo più tardi, quella sera, mi resi conto che avevo dimenticato di fare i compiti... Oops! Beh, c'è sempre domani.

Il giorno dopo mi sono svegliato un po' più tardi del solito e mi sono precipitato a preparare il mio portatile per la lezione. Tuttavia, quando ho provato ad accedere a Skype, sono stato accolto da un messaggio **di errore** che diceva che il mio account era stato sospeso. Sembra che qualcuno abbia scoperto il mio piccolo piano! Ho chiamato subito la segreteria della **scuola in preda** al panico, per poi sentirmi dire che avevano effettivamente scoperto quello che stavo facendo e che non erano contenti. Come punizione, d'ora in poi avrei dovuto frequentare tutte le lezioni di persona - niente più skyping per me! Non è stato il risultato **ideale**, ma almeno ho imparato la lezione: non cercare di imbrogliare il **sistema** perché alla fine verrai scoperto!

Arusaamise küsimused

1. Mida tegi peategelane, kui ta nägi oma sülearvutit?

2. Kuidas tundis peategelane end isiklikult tundides käies?

3. Mida tegi peategelane, kui ta mõistis, et unustas kodutöö ära?

4. Miks peatati peategelase Skype'i konto?

5. Mida õppis peategelane sellest kogemusest?

6. Mis kell peategelane ärkas?

7. Kus oli peategelane, kui teda klassis välja kutsuti?

8. Mida tegi peategelane selleks, et püüda vältida, et teda uuesti välja kutsutaks?

9. Mida ütles koolikontor peategelasele, kui nad helistasid?

10. Mis oli peategelase karistus?

Domande di comprensione

1. Che cosa ha fatto il protagonista quando ha visto il suo portatile?

2. Come si sentiva il protagonista a frequentare le lezioni di persona?

3. Che cosa ha fatto il protagonista quando si è accorto di aver dimenticato di fare i compiti?

4. Perché l'account Skype del protagonista è stato sospeso?

5. Cosa ha imparato il protagonista da questa esperienza?

6. A che ora si è svegliato il protagonista?

7. Dov'era il protagonista quando è stato richiamato in classe?

8. Che cosa ha fatto il protagonista per cercare di evitare di essere chiamato di nuovo in causa?

9. Che cosa ha detto la segreteria della scuola al protagonista quando ha chiamato?

10. Qual è stata la punizione del protagonista?

Laulev revolutsioon

See oli Eestis suure **murrangu** aeg. Nõukogude Liit oli kokku varisenud ja rahvas nõudis iseseisvust. Nende hulgas oli ka noor naine nimega Liina, kes unistas vaid sellest, et saaks vabalt laulda, ilma et peaks **kartma** repressioone. Ta ühines teistega tänavatel, laules isamaalisi laule ja nõudes Vene võimu lõpetamist. See oli vaimustav aeg ja ta tundis end elusana nagu kunagi varem. Nad **tegid** ajalugu ja ta teadis seda. Võimud püüdsid ülestõusu maha suruda, kuid see muutis inimesi vaid veelgi otsusekindlamaks. Lõpuks, pärast nädalaid kestnud proteste, võitis Eesti oma **vabaduse** ja Liina võis lõpuks ometi ilma murede ja piiranguteta oma südant välja laulda.

Ta rõõmustas koos oma kaasmaalastega, kui nad tähistasid oma raskelt võidetud vabadust. Nüüdseks on möödunud mitu aastat sellest, kui algas laulev revolutsioon, nagu seda hakati **nimetama.** Nüüdseks on Liina edukas laulja ja laulukirjutaja ning tema **muusikat** armastavad inimesed üle Eesti. Ta mäletab neid uimastavaid vabaduse päevi ikka veel suure kiindumusega ja teab, et laulude jõud on alati osa tema riigi loost. Tänapäeval kasutab Liina oma **platvormi**, et võtta sõna Eestis tõusva natsionalismi vastu. Ta teab, et riik on pärast neid süngeid nõukogude võimu päevi

Rivoluzione canora

Era un periodo di grandi **sconvolgimenti** in Estonia. L'Unione Sovietica era crollata e la popolazione chiedeva a gran voce l'indipendenza. Tra loro c'era una giovane donna di nome Liina, che non sognava altro che poter cantare liberamente senza **temere** rappresaglie. Si unì agli altri nelle strade, cantando canzoni patriottiche e chiedendo la fine del dominio russo. Era un periodo inebriante e si sentiva viva come mai prima. Stavano **facendo la** storia, e lei lo sapeva. Le autorità cercarono di sedare la rivolta, ma non fecero altro che aumentare la determinazione del popolo. Alla fine, dopo settimane di proteste, l'Estonia conquistò la **libertà** e Liina poté finalmente cantare a squarciagola senza preoccupazioni o costrizioni.

Si è rallegrata con i suoi compatrioti mentre festeggiavano la libertà faticosamente conquistata. Sono passati diversi anni dall'inizio della Rivoluzione canora, come è stata **definita**. Oggi Liina è una cantante e autrice di successo e la sua **musica** è amata da tutta l'Estonia. Ricorda ancora con grande affetto quei giorni di libertà e sa che il potere del canto farà sempre parte della storia del suo Paese. Oggi Liina usa la sua **piattaforma** per parlare contro la marea crescente di nazionalismo in Estonia. Sa che il Paese

jõudnud nii kaugele ja ta ei taha näha, et taandarengut tehakse. Ta usub, et tema muusika on hea jõud ja võib aidata **tervendada** ühiskonnas tekkivaid lõhede.

Liina uusim album on kogumik laule sallivusest ja mõistmisest. See on saanud hea vastuvõtu nii kriitikute kui ka fännide poolt, paljud **on** öelnud, et see on täpselt see, mida Eesti praegu vajab. Ta jätkab oma häälega rahu ja ühtsuse edendamist oma armastatud kodumaal, lootes, et ühel päeval saavad kõik selle kodanikud taas **koos** laulda ilma hirmu ja vihkamiseta. Tulevik on ebakindel, kuid Liina jääb lootma. Ta teab, et laulu jõud võib muuta maailma, ja ta on otsustanud kasutada oma häält selleks, et muuta Eesti paremaks kohaks **kõigi jaoks**.

ha fatto molta strada dai tempi bui del regime sovietico e non vuole che regredisca. È convinta che la sua musica sia una forza per il bene e che possa contribuire a **sanare** le divisioni che si stanno aprendo nella società.

L'ultimo album di Liina è una raccolta di canzoni sulla tolleranza e la comprensione. È stato ben accolto dalla critica e dai fan, e molti **hanno** detto che è esattamente ciò di cui l'Estonia ha bisogno in questo momento. Liina continuerà a usare la sua voce per promuovere la pace e l'unità nella sua amata patria, sperando che un giorno tutti i suoi cittadini possano tornare a cantare **insieme** senza paura o odio. Il futuro è incerto, ma Liina rimane fiduciosa. Sa che il potere del canto può cambiare il mondo ed è determinata a usare la sua voce per rendere l'Estonia un posto migliore per **tutti**.

Arusaamise küsimused

1. Mis oli Nõukogude Liidu kokkuvarisemine?

2. Mida üritasid võimud teha ülestõusu vastu?

3. Mida Eesti lõpuks võitis?

4. Millest räägib Liina viimane album?

5. Kuidas võeti vastu Liina viimane album?

6. Mida loodab Liina Eesti tulevikuks?

7. Kuidas tundis Liina end vabaduse uimastavatel päevadel?

8. Mida Liina usub, et tema muusika on jõud?

9. Mida teab Liina laulude võimest?

10. Milleks on Liina otsustanud oma häält kasutada?

Domande di comprensione

1. Che cosa è stato il crollo dell'Unione Sovietica?

2. Che cosa hanno cercato di fare le autorità contro la rivolta?

3. Che cosa ha vinto l'Estonia alla fine?

4. Di cosa parla l'ultimo album di Liina?

5. Come è stato accolto l'ultimo album di Liina?

6. Qual è la speranza di Liina per il futuro dell'Estonia?

7. Come si sentiva Liina durante i giorni di libertà?

8. Per quale motivo Liina ritiene che la sua musica sia una forza?

9. Cosa sa Liina del potere del canto?

10. Per quale motivo Liina è decisa a usare la sua voce?

Rannas

Pärast päikesetõusu on lained kõvemad ja liiv üle loodete valge. Ma kõnnin alla randa, **imetlen** merd ja päikest. Mu varbad tunnetavad kallaste sooned. Liiv on mu varvastel külm. Naeratan ja lähen edasi. Vooluhulk on kõrge, nii et pean olema ettevaatlik, et mind ei tõmbaks sisse. Kõnnin mööda veepiiri, imetlen merd. Päikesetõus on **ilus** ja lained mürisevad. Tunnen end nii rahulikult. Jõuan kohale, kus on kiviklipp. Istun maha ja vaatan laineid. Vesi on nii sinine ja taevas on nii **oranž**. Ma tunnen, et olen nagu unes. Panen silmad kinni ja kuulan lihtsalt laineid. Istun seal kaua, kuni kuulen, et keegi hüüab mu nime.

Ma avan silmad ja näen ema minu poole kõndimas. Tal on murelik ilme. Naeratan ja lehvitan ning ta **rahuneb**. "Ma mõtlesin, kuhu sa läksid," ütleb ta. "Mul on hea meel, et sa naudid randa." Ma vastan: "Olen." "Siin on nii ilus." "Ma tean," ütleb ta. "Ma käisin siin kogu aeg, kui olin sinu vanuses." "Tõesti?" Ma küsin. "Jah," vastab ta. "See on eriline koht." "Kas sa oled siin kunagi kedagi erilist kohanud?" Ma küsin. "Olen," vastab ta naeratades. "Sinu isa." "Tõesti?" **Üllatun**, ütlen ma. "Jah," ütleb ta. "Me käisime siin kogu aeg koos. See on koht, kus me armusime. " Naeratan, **kujutades ette, kuidas** mu vanemad selles kaunis rannas armuvad.

In spiaggia

Dopo l'alba, le onde sono più forti e la sabbia sopra la marea è bianca. Cammino verso la spiaggia, **ammirando** il mare e il sole. Le mie dita dei piedi sentono i solchi delle conchiglie. La sabbia è fredda sulle dita dei piedi. Sorrido e continuo a camminare. La marea è alta, quindi devo fare attenzione a non farmi trascinare. Cammino lungo la riva, ammirando il mare. L'alba è **bellissima** e le onde si infrangono. Mi sento così in pace. Arrivo a un punto in cui c'è una roccia affiorante. Mi siedo e guardo le onde. L'acqua è così blu e il cielo è così **arancione**. Mi sembra di essere in un sogno. Chiudo gli occhi e ascolto le onde. Rimasi seduto lì per molto tempo, finché non sentii qualcuno che chiamava il mio nome.

Apro gli occhi e vedo mia madre che viene verso di me. Ha un'espressione preoccupata. Le sorrido e la saluto, e lei **si rilassa**. "Mi chiedevo dove fossi andata", dice. "Sono contenta che ti stia godendo la spiaggia". Io rispondo: "Lo sto facendo". "È così bello qui". "Lo so", dice. "Venivo sempre qui quando avevo la tua età". "Davvero?" Chiedo. "Sì", risponde. "È un posto speciale". "Hai mai incontrato qualcuno di speciale qui?". Le chiedo. "Sì", risponde sorridendo. "Tuo padre". "Davvero?" Dico, **sorpreso**. "Sì", dice

“See on eriline koht,” kordab ta. “Mul on hea meel, et sa täna siia tulid.”

Istume seal veel mõnda aega, **vaadates** laineid ja päikeseloojangut. Siis tõuseme üles ja kõnnime tagasi oma rannarätikute juurde. Ma heidan pikali ja vaatan tähti. Tunnen end nii õnnelikuna ja rahulolevana. Lained on nüüd valjemini ja liiv on külm. Päike on loojumas ja puhub jahe tuul. Lained löövad vastu randa ja õhus on soolalõhn. See on täiuslik õhtu rannas olemiseks. Ma kõnnin piki randa, **kuulan** lainete kohinat ja vaatan päikeseloojangut. Näen rühma inimesi, kes istuvad liival, naeravad ja naljatlevad. Nad näevad välja, et neil on lõbus. Lähen nende juurde ja küsin, kas ma võin nendega ühineda. Nad ütlevad “jah” ja me veedame ülejäänud õhtu vesteldes, naerdes ja **päikeseloojangut** vaadates. See on täiuslik õhtu. Rühm ja mina räägime kuni päikeseloojanguni. Jagame lugusid ja nalju ning meil kõigil on väga lõbus. Kui õhtu hakkab langema, hakkame kõik väsima. Me suudleme üksteist **hüvasti** ja läheme lahku. Ma kõnnin tagasi oma hotelli, tundes end õnnelikult ja rahulolevalt. Ma ei suuda uskuda, kui ilus on siin. Ma olen nii õnnelik, et olen seda **kogenud.**

lei. "Venivamo sempre qui insieme. È qui che ci siamo innamorati. "Sorrido, **immaginando i** miei genitori che si innamorano su questa bellissima spiaggia. "È un posto speciale", ripete. "Sono felice che siate venuti qui oggi".

Rimaniamo seduti ancora per un po' a **guardare** le onde e il tramonto. Poi ci alziamo e torniamo ai nostri teli da mare. Mi sdraio e guardo le stelle. Mi sento così felice e soddisfatta. Le onde ora sono più forti e la sabbia è fredda. Il sole sta tramontando e soffia una brezza fresca. Le onde si infrangono sulla riva e nell'aria si sente l'odore del sale. È una serata perfetta per stare in spiaggia. Cammino lungo la riva, **ascoltando** il suono delle onde e guardando il tramonto. Vedo un gruppo di persone sedute sulla sabbia che ridono e scherzano. Sembra che si stiano divertendo molto. Mi avvicino a loro e chiedo se posso unirmi a loro. Mi rispondono di sì e passiamo il resto della serata a parlare, ridere e guardare il **tramonto**. È una serata perfetta. Io e il gruppo parliamo fino al tramonto. Condividiamo storie e battute e ci divertiamo molto. Quando la notte inizia a calare, cominciamo tutti a sentirci stanchi. Ci **salutiamo** con un bacio e ci separiamo. Torno al mio hotel, felice e soddisfatta. Non riesco a credere a quanto sia bello qui. Sono così fortunata ad averlo **vissuto**.

Arusaamise küsimused

1. Kuhu läheb jutustaja pärast ärkamist?

2. Mida imetleb jutustaja, kui ta mööda randa kõnnib?

3. Mida peab jutustaja jälgima, kui ta mööda randa kõnnib?

4. Kuhu istub jutustaja, et nautida vaadet?

5. Kui kaua jutustaja seal istub?

6. Keda näeb jutustaja, kui ta taas silmad avab?

7. Mida ütleb jutustaja ema?

8. Millest räägivad jutustaja ja inimesed, kellega ta kohtub?

Domande di comprensione

1. Dove va la narratrice dopo essersi svegliata?

2. Che cosa ammira la narratrice mentre cammina lungo la spiaggia?

3. A che cosa deve fare attenzione la narratrice mentre cammina lungo la spiaggia?

4. Dove si siede il narratore per godersi il panorama?

5. Per quanto tempo il narratore rimane seduto lì?

6. Chi vede la narratrice quando riapre gli occhi?

7. Cosa dice la madre del narratore?

8. Di che cosa parlano il narratore e le persone che incontra?

Telkimine järve ääres

Ma kõnnin järve poole, **imetledes** selle rahulikku maastikku. Päike paistab väikesele järvele, muutes vee nagu klaasist. Ainus liikumine on aeg-ajalt pinnast **murdnud** kalade lainetus. Isegi linnud näivad kuumusest puhkavat, õhku täidab vaid tsiteerivate tšikatade heli. **Järsku** murrab rahu vali pritsimine. Suur **kala** on hüpanud veest välja, püüdes kinni liblikat. Kala ei taba oma sihtmärki ja kukub priskelt vette tagasi. “Vau,” mõtlen ma endamisi, “see oli suur kala!”. Vaatan ringi, et näha, kas keegi teine nägi seda, kuid kedagi ei ole ümberringi. Pean vist neile rääkima, kui laagrisse tagasi jõuan.

Kuumus on **rõhuv**, mistõttu on raske hingata. Õhk on paks ja raske, nagu oleks see nagu tekk sinu ümber mähitud. Ainus leevendus on vesi. See on jahe ja värskendav, nagu külm jook kuumal päeval. Hingan sügavalt sisse ja sukeldun vette. Leevendus on kohene, kui jahe vesi mind ümbritseb. Uin alla põhja ja siis tagasi pinnale, tundes, kuidas vesi mu keha jahutab. Ma jätkan **ujumist**, nautides kuumusest vabanemist. Mõne aja pärast tulen veest välja ja heidan murule pikali, lastes päikesel oma keha kuivatada. Sulgen silmad ja vajun magama, **tšikatade** heli uinutab mind

Campeggio al lago

Cammino verso il lago, **ammirando** la tranquillità della scena. Il sole batte sul piccolo lago, facendo sembrare l'acqua una lastra di vetro. L'unico movimento è l'increspatura occasionale di un pesce **che rompe** la superficie. Anche gli uccelli sembrano prendersi una pausa dal caldo, con il solo suono delle cicale che riempie l'aria. **All'improvviso**, la pace è rotta da un forte tonfo. Un grosso **pesce** è saltato fuori dall'acqua, cercando di catturare una libellula. Il pesce manca il bersaglio e ricade in acqua con un tonfo. "Wow", penso tra me e me, "quello era un pesce grosso!". Mi guardai intorno per vedere se qualcun altro l'avesse visto, ma non c'era nessuno. Immagino che dovrò raccontarlo quando tornerò al campo.

Il caldo è **opprimente** e rende difficile respirare. L'aria è densa e pesante, come una coperta che ti avvolge. L'unico sollievo è l'acqua. È fresca e rinfrescante, come una bibita fresca in una giornata calda. Faccio un respiro profondo e mi immergo nell'acqua. Il sollievo è immediato quando l'acqua fresca mi circonda. Nuoto fino al fondo e poi risalgo in superficie, sentendo l'acqua rinfrescare il mio corpo. Continuo a **nuotare** a vasche, godendomi la tregua dal caldo. Dopo un

sügavasse unne. Lasen päikesel küpsetada vee oma nahast välja. Tunnen, kuidas mu nahk punetab, kuid ma ei hooli sellest. Mul on liiga palav, et sellest hoolida. järgmine asi, mida ma tean, on päike loojumas. Taevas on kaunis oranž, roosade ja lillade triipudega. Kuumus on kadunud, asemele on tulnud jahe **tuul**.

Tõusen üles ja panen riided selga, tundes end värskena ja noorena. **Hingan** sügavalt **sisse** jahedat õhku ja naeratan. On hea tunne olla elus. Kõnnin tagasi laagripaika, imetledes seda, kuidas värvid taevas tantsivad. Näen eemal põlevat lõket ja tunnen õhus suitsu lõhna. Naeratan ja **kiirendan** sammu. Olen valmis lõõgastuma ja nautima ülejäänud õhtut. Jalutan laagriplatsile ja näen, et kõik on kogunenud lõkke ümber. Nad **naeravad** ja naljatlevad ning ma näen, kuidas tuli peegeldub nende silmades. Naeratan ja istun oma sõprade kõrvale. On hea olla tagasi. Järgmisel hommikul ärkan varakult ja hakkan oma asju kokku pakkima. Ma olen innukas, et minna tagasi rajale ja jätkata oma teekonda. Ütlen oma sõpradele hüvasti ja hakkan minema kõndima. Jalutades heidan viimast korda pilgu **laagriplatsile**. Näen, et lõke põleb endiselt eemal, ja tunnen õhus suitsu lõhna. Naeratan ja kiirendan sammu. Olen valmis oma **teekonda** jätkama.

po’ esco dall’acqua e mi sdraio sull’erba, lasciando che il sole asciughi il mio corpo. Chiudo gli occhi e mi addormento, mentre il suono delle **cicale** mi culla in un sonno profondo. Lascio che il sole scrosti l’acqua dalla mia pelle. Sento la pelle arrossarsi, ma non mi importa. Sono troppo accaldato per preoccuparmene. Il cielo è di un bellissimo arancione, con striature di rosa e viola. Il caldo è scomparso, sostituito da una fresca **brezza**.

Mi alzo e mi rivesto, sentendomi rinfrescata e ringiovanita. **Respiro** profondamente l’aria fresca e sorrido. È bello essere vivi. Torno al campeggio, ammirando il modo in cui i colori danzano nel cielo. Vedo il fuoco che arde in lontananza e sento l’odore del fumo nell’aria. Sorrido e **accelero il** passo. Sono pronto a rilassarmi e a godermi il resto della serata. Entro nel campeggio e vedo che tutti sono riuniti intorno al fuoco. **Ridono** e scherzano e posso vedere il fuoco riflesso nei loro occhi. Sorrido e mi siedo accanto ai miei amici. È bello essere tornati. La mattina dopo mi sveglio presto e comincio a raccogliere le mie cose. Sono impaziente di riprendere il cammino e continuare il mio viaggio. Saluto i miei amici e mi incammino. Mentre cammino, do un’ultima occhiata al **campeggio**. Vedo il fuoco ancora acceso in lontananza e sento l’odore del fumo nell’aria. Sorrido e accelero il passo. Sono pronto a continuare il mio **viaggio**.

Arusaamise küsimused

1. Kuhu kõndija läheb?

2. Milline ilm on?

3. Milline näeb vesi välja?

4. Kuidas reageerib kõndija kuumusele?

5. Mida kala teeb?

6. Miks on käija üksi?

7. Kuidas vesi tundub?

8. Kuidas tunneb kõndija end pärast ujumist?

9. Mis kellaaeg on, kui kõndija ärkab?

10. Kuhu läheb käija, kui ta laagrist lahkub?

Domande di comprensione

1. Dove sta andando il camminatore?

2. Che tempo fa?

3. Che aspetto ha l'acqua?

4. Come reagisce il deambulatore al calore?

5. Cosa sta facendo il pesce?

6. Perché il camminatore è solo?

7. Come si sente l'acqua?

8. Come si sente il camminatore dopo il nuoto?

9. A che ora del giorno si sveglia il deambulatore?

10. Dove va l'ambulante quando lascia il campo?

Maja

Ma kolisin eelmisel nädalal oma uude majja ja olen nii **elevil**! See on palju suurem kui mu vana ja sellel on suur tagahoov. Ma ei jõua ära oodata, et sõpru grillima ja pidutsema kutsuda. Minu lemmikosa on minu uus magamistuba. See on nii suur ja hele ning mul on palju ruumi, kuhu ma kõik oma asjad paigutada. Ma olen oma uue majaga väga rahul ja ma arvan, et mul on siin väga hea elada. Ma otsustasin maja veidi rohkem uurida. Läksin teisele korrusele ja hakkasin köögi poole minema, kui nägin seinal suurt musta ämblikku! Ma karjusin ja jooksin alla. Ma olin nii **hirmul**! Aga mõne minuti pärast rahunesin ja otsustasin tagasi üles minna. Jõudsin aeglaselt kööki ja nägin, et ämblik oli kadunud. Ma olin nii kergendunud! Läksin tagasi alla ja otsustasin minna õue, et uurida **tagahoovi**. See oli nii suur! Ma ei suutnud seda uskuda. Nägin nurgas kiike ja liugu. Nägin ka korvpallivõrku ja **batuuti**. Ma olin nii elevil!

Ma ei jõua ära oodata, et kasutada kõiki neid uusi asju. **Naabrid tulid** kohale ja tutvustasid end. Nad tundusid väga toredad ja me vestlesime mõnda aega. Nad kutsusid mind järgmisel nädalavahetusel oma grillile ja ma ütlesin, et tulen hea meelega. Mul oli suurepärane esimene nädal uues majas ja ma olen põnevil kõigi uute seikluste pärast, mis ees ootavad. Täna lähen jälle

La casa

La settimana scorsa mi sono trasferita nella mia nuova casa e sono così **entusiasta**! È molto più grande di quella vecchia e ha un grande cortile. Non vedo l'ora di invitare gli amici per grigliate e feste. La mia parte **preferita** è la mia nuova camera da letto. È così grande e luminosa e ho molto spazio per mettere tutte le mie cose. Sono molto contenta della mia nuova casa e penso che sarò molto felice qui. Ho deciso di esplorare ancora un po' la casa. Sono salita al secondo piano e ho iniziato a dirigermi verso la cucina quando ho visto un grosso ragno nero sul muro! Ho urlato e sono corsa di sotto. Ero così **spaventata**! Ma dopo qualche minuto mi sono calmata e ho deciso di tornare di sopra. Mi sono avvicinata lentamente alla cucina e ho visto che il ragno non c'era più. Ero così sollevata! Tornai al piano di sotto e decisi di uscire per esplorare il **giardino**. Era così grande! Non potevo crederci. Vidi un'altalena in un angolo e uno scivolo. Vidi anche una rete da basket e un **trampolino**. Ero così eccitato!

Non vedo l'ora di usare tutto questo nuovo materiale. I **vicini sono** venuti e si sono presentati. Sembravano molto gentili e abbiamo parlato per un po'. Mi hanno invitato al loro barbecue il prossimo fine settimana e ho detto che mi sarebbe piaciuto venire. La prima

tagahoovi uurima ja vaatan, mida ma veel leian. Kes teab, võib-olla leian isegi mõne **aarde**. Ma ei jõua ära oodata, mida järgmine nädal toob! Järgmisel nädalal läksin jälle tagahoovi uurima ja leidsin **salajase** aia. See oli nii ilus! Kõikjal olid lilled ja väike tiik, kus olid kalad. Samuti nägin ma kiike, mida ma polnud varem näinud. Ma olin nii elevil, et leidsin selle salajase aia, ja ma ei suuda ära oodata, et seda rohkem uurida. See oli nii **ilus**!

Kõikjal olid lilled ja väike tiik, kus olid kalad. Ma nägin ka **kiike, mida ma polnud** varem näinud. Ma olin nii põnevil, et leidsin selle salajase aia, ja ma ei suuda ära oodata, et seda rohkem uurida. Mulle meeldis ka minu uus tuba. See oli nii suur ja hele ning seintel olid juba minu lemmikbändide plakatid. Ma ei pidanud isegi mitte ühtegi oma **mööblit** kaasa võtma, sest siin oli juba olemas voodi, kapp ja kirjutuslaud. See saab olema parim aasta üldse! Ma olin natuke närvis, et alustan uues **koolis, aga** kõik mu uued naabrid on olnud nii sõbralikud. Ma kohtusin isegi ühe tüdrukuga, kes elab naabruses, ja ta ütles, et läheb minuga esimesel päeval koos kooli. Ma armastan oma uut maja ja olen nii põnevil, et saan alustada seda uut peatükki oma elus! Homne päev saab olema suurepärane!

settimana nella mia nuova casa è stata fantastica e sono entusiasta di tutte le nuove avventure che mi aspettano. Oggi andrò di nuovo a esplorare il cortile per vedere cos'altro riesco a trovare. Chissà, forse troverò anche un **tesoro**. Non vedo l'ora di vedere cosa mi porterà la prossima settimana! La settimana successiva sono andata di nuovo in esplorazione nel cortile e ho trovato un giardino **segreto**. Era così bello! C'erano fiori dappertutto e un laghetto con i pesci. Ho visto anche un'altalena che non avevo mai visto prima. Ero così entusiasta di aver trovato questo giardino segreto e non vedo l'ora di esplorarlo ancora. Era così **bello**!

C'erano fiori dappertutto e un laghetto con dei pesci. Ho anche visto un'**altalena** che non avevo mai visto prima. Ero così entusiasta di aver trovato questo giardino segreto e non vedo l'ora di esplorarlo meglio. Mi è piaciuta molto anche la mia nuova stanza. Era così grande e luminosa e sulle pareti c'erano già i poster delle mie band preferite. Non ho nemmeno dovuto portare i miei **mobili**, perché c'erano già un letto, una cassettiera e una scrivania. Questo sarà l'anno migliore di sempre! Ero un po' nervosa all'idea di iniziare una nuova **scuola**, ma tutti i miei nuovi vicini sono stati così amichevoli. Ho persino conosciuto una ragazza che abita nella casa accanto e ha detto che verrà a scuola con me il primo giorno. Adoro la mia nuova casa e sono così entusiasta di iniziare questo nuovo capitolo della mia vita! Domani sarà fantastico!

Arusaamise küsimused

1. Kus isik elab?

2. Kuidas inimesele uues majas meeldib?

3. Mis on inimese lemmikosa uues majas?

4. Mida leidis inimene aiast?

5. Kes on naabrid?

6. Kuidas tundusid isiku esimesed päevad uues majas?

7. Mis on isiku lemmikosa uues toas?

8. Mida kavatseb isik homme teha?

9. Mis oli inimese esimese nädala parim osa uues majas?

10. Mis kõik on inimese uues toas?

Domande di comprensione

1. Dove vive la persona?

2. Come si trova la persona nella nuova casa?

3. Qual è la parte preferita della nuova casa?

4. Che cosa ha trovato la persona nel giardino?

5. Chi sono i vicini?

6. Come sono stati i primi giorni nella nuova casa?

7. Qual è la parte preferita della nuova stanza?

8. Che cosa ha intenzione di fare domani?

9. Qual è stata la parte migliore della prima settimana nella nuova casa?

10. Che cosa c'è nella nuova stanza della persona?

Rongis

Ma jooksin rongijaama, kuid olin liiga hilja. Rong oli juba ilma minuta ära sõitnud. Ma olin nii **vihane** ja **pettunud** endas. Mul oli plaanis sõita rongiga oma maal elavate vanavanemate juurde, kuid nüüd pidin ma terve tunni järgmist rongi ootama. Otsustasin selle asemel veidi aega linnas ringi jalutada ja püüdsin unustada oma kaotatud võimalust. Jalutades hakkasin **unistama** kõigist kohtadest, kuhu **rongiga** saab sõita. Järsku ei olnud ma enam nii ärritunud. Suunan tagasi jaama ja ei saa jätta märkamata suurt punavalget ja sinist vedurit, mis tormab minu poole. Alles siis, kui näen, kuidas **konduktor** mulle aknast lehvitab, saan aru, et see rong on minu jaoks. Ma astun rongile ja leian oma istekoha, asudes pikaks peetavaks reisiks sisse.

Kui me jaamast välja sõidame, ei saa ma muud teha, kui mõtlen, kuhu see rong mind viib. Läbi roheliste **põldude** ja üle siniste jõgede, mööda mägede ja orgude, ei tea, kuhu see vana rong sõidab. Kui öö hakkab langema, vajun ma **rahulikku** unne, mida lummab vagunite **rütmiline** liikumine rööbasteel. Kui hommik jälle saabub, avan silmad ja avastan, et oleme jõudnud väikesesse linna kusagil keset mitte midagi. Päike paistab just üle horisondi, kui kohalikud hakkavad Main Streetil ringi liikuma; see näeb siin välja nagu iga

Sul treno

Corsi alla stazione ferroviaria, ma ero troppo in ritardo. Il treno era già partito senza di me. Mi sentivo così **arrabbiata** e **delusa** con me stessa. Avevo intenzione di prendere il treno per andare a trovare i miei nonni che vivono in campagna, ma ora avrei dovuto aspettare un'ora intera per il treno successivo. Decisi invece di passeggiare un po' per la città, cercando di dimenticare l'occasione persa. Mentre camminavo, ho iniziato a **sognare a occhi aperti** tutti i luoghi in cui il **treno** può portarti. Improvvisamente, non ero più così arrabbiata. Rientro in stazione e non posso fare a meno di notare la grande locomotiva rossa, bianca e blu che si dirige verso di me. Solo quando vedo il **capotreno che** mi saluta dal finestrino capisco che quel treno è per me. Salgo sul treno e trovo il mio posto, sistemandomi per quello che si preannuncia un lungo viaggio.

Mentre usciamo dalla stazione, non posso fare a meno di chiedermi dove mi porterà questo treno. Attraverso **campi** verdi e fiumi blu, passando per montagne e valli, non si sa dove andrà questo vecchio treno. Quando inizia a calare la notte, mi addormento in un sonno **tranquillo**, cullato dal movimento **ritmico** dei vagoni sui binari sottostanti. Quando arriva il mattino, apro gli occhi e scopro che siamo arrivati in una piccola città

teine päev, välja arvatud üks asi - linnavalitsuse lähedal on suur silt "Tere tulemast!". Tundub, et see väike linn on meid juba oodanud, kuigi me oleme lihtsalt tavaline reisirong, mis sõidab siit läbi. Kui jätame linna taas kord selja taha, tormates edasi, kes teab kuhu, naeratan kõigile sõbralikele nägudele, kes lehvitavad hüvasti nendest väikestest majadest, mis asuvad **põllumaade** vahel **- see** on tõesti hämmastav, kuidas midagi nii näiliselt tavalist võib tuua nii palju rõõmu lihtsalt läbisõiduga. Ja siis on muidugi **lapsed**.

Ma kummardun oma veduri aknast välja. Nad teevad mind oma säravate silmade ja suure naeratusega alati nii õnnelikuks. Ma lehvitan neile energiliselt tagasi, enne kui naasen oma **kajutisse** ja võtan istet. See on juba olnud pikk päev, kuid see pole veel lõppenud; on veel paar tundi, enne kui jõuame oma **lõppsihtkohta**. Võtan välja oma raamatu ja hakkan lugema, lastes rongi rütmilisel kiikumisel end rahulikku seisundisse uinutada. Aeg-ajalt heidan pilgu õuest mööduvale maastikule - see ei saa kunagi vanaks, ükskõik kui palju kordi ma seda näen. Lõpuks hakkab õhtu langema ja kauguses hakkavad **vilkuvad** tuled paistma; me oleme nüüd juba lähedal.

nel bel mezzo del nulla. Il sole fa appena capolino all'orizzonte, mentre la gente del posto inizia a girare per la Main Street; sembra un giorno come un altro, tranne che per una cosa: c'è un grande cartello affisso vicino al municipio che recita "Benvenuti a bordo!". Sembra che questa piccola città ci stesse aspettando, anche se siamo solo un normale treno **passeggeri** di passaggio sulla nostra strada. Mentre ci lasciamo ancora una volta la città alle spalle, andando verso chissà dove, sorrido a tutte le facce amichevoli che ci salutano da quelle casette incastonate tra i **campi coltivati:** è davvero incredibile come qualcosa di così apparentemente ordinario possa portare tanta gioia semplicemente passando di lì. E poi, naturalmente, ci sono i **bambini**.

Mi affaccio al finestrino della mia locomotiva. Mi fanno sempre sentire così felice con i loro occhi lucidi e i loro grandi sorrisi. Li saluto energicamente prima di tornare nella mia **cabina** e sedermi. È stata già una lunga giornata, ma non è ancora finita; mancano ancora alcune ore per raggiungere la nostra **destinazione** finale. Tiro fuori il mio libro e inizio a leggere, lasciando che il dondolio ritmico del treno mi culli in uno stato di pace. Di tanto in tanto alzo lo sguardo verso il paesaggio che passa fuori: non diventa mai vecchio, anche se lo vedo tante volte. Alla fine inizia a calare la notte e le luci **scintillanti** cominciano ad apparire in lontananza; ci stiamo avvicinando.

Arusaamise küsimused

1. Kuhu sõidab rong?

2. Kes reisib rongiga?

3. Millal rong väljub?

4. Kuidas pääses peategelane rongile?

5. Kust tuleb rong?

6. Kuhu sõidab rong edasi?

7. Millal reisijad saabusid?

8. Mida tunneb peategelane, kui ta rongist maha jääb?

9. Kuidas reageerib rongijuht, kui ta näeb peategelast?

10. Miks peategelasele meeldivad rongid?

Domande di comprensione

1. Dove va il treno?

2. Chi viaggia sul treno?

3. Quando parte il treno?

4. Come fa il protagonista a salire sul treno?

5. Da dove viene il treno?

6. Dove è diretto il treno?

7. Quando sono arrivati i passeggeri?

8. Come si sente il protagonista quando perde il treno?

9. Come reagisce il macchinista quando vede il protagonista?

10. Perché al protagonista piacciono i treni?

Õhtusöögi valmistamine

Kell on nüüd 17.00 ja ma kõnnin töölt koju. **Ootan** rahulikku õhtut kodus koos oma partneriga. Valmistame koos õhtusööki ja siis lihtsalt lõõgastume ülejäänud õhtu. Hea tunne on teada, et mul ei ole täna **õhtul** mingeid plaane ega kohustusi. Jõuan koju ja mu partner on juba köögis, alustades meie õhtusöögi valmistamist. Siin lõhnab **hämmastavalt!** Me vestleme toiduvalmistamise ajal, räägime üksteise päevast ja jagame väikeseid lugusid oma tööelust. Köök on minu lemmikruum meie korteris. Ma armastan süüa teha ja eriti armastan süüa teha koos oma partneriga. Meil on siin alati nii lõbus, me naerame ja naljatame, samal ajal kui me tormiliselt süüa teeme. Lisaks on toit alati **uskumatu,** kui me **koos** töötame.

Täna õhtul teeme ühte minu kõigi aegade lemmikretsepti: **kana** parmesani. Minu partner alustab kana paneerimisega, samal ajal kui mina panen kastme **pliidil** keema. Me töötame koos nagu hästi õlitatud masin ja peagi on õhtusöök serveerimiseks valmis. Istume oma väikese köögilaua taha, **taldrikud** täis kana Parmesani, pastat ja salatit. Klõbistame klaasidega ja võtame esimese suutäie - ja see on **taevalik**! Kana

Cucinare la cena

Sono le 17.00 e sto tornando a casa dal lavoro. Non vedo l'**ora** di passare una serata tranquilla a casa con il mio compagno. Cucineremo insieme la cena e poi ci rilasseremo per il resto della serata. È bello sapere che questa **sera non ho** programmi o obblighi. Arrivo a casa e il mio partner è già in cucina a preparare la cena. C'è un profumo **fantastico** qui dentro! Chiacchieriamo mentre cuciniamo, raccontandoci le nostre giornate e condividendo piccole storie della nostra vita lavorativa. La cucina è la mia stanza preferita del nostro appartamento. Adoro cucinare e soprattutto adoro farlo con il mio compagno. Ci divertiamo sempre molto qui dentro, ridendo e scherzando mentre cuciniamo. Inoltre, il cibo è sempre **incredibile** quando lavoriamo **insieme**.

Stasera prepariamo una delle mie ricette preferite di sempre: il **pollo** alla parmigiana. Il mio collega inizia a impanare il pollo, mentre io faccio cuocere la salsa sul **fuoco**. Lavoriamo insieme come una macchina ben oliata e in poco tempo la cena è pronta da servire. Ci sediamo al tavolo della nostra cucina con i **piatti** colmi di pollo alla parmigiana, pasta e insalata. Facciamo tintinnare i bicchieri e assaggiamo il primo

on väljastpoolt krõbe, kuid seestpoolt mahlakas; kaste on maitsekas ja täiuslik; pasta on keedetud al dente... kõik maitseb täna absoluutselt ideaalselt. Me mõlemad teame, et see oli üks neist õhtutest, kus kõik on lihtsalt ideaalselt kokku tulnud, kui me **naudime** iga viimast suutäit oma maitsvat sööki. See maitses isegi paremini, kui see lõhnas - mis oli päris kuradi hea! Me lõpetame oma söögi suhteliselt kiiresti, sest kumbki meist ei ole täna eriti näljane, kuid me võtame aega, nautides veel paar **klaasi** veini ja vesteldes samal ajal kergelt sellest ja sellest teemast. Pärast õhtusööki koristame koos kiiresti ära ja liigume siis elutuppa, kus veedame mõnda aega telerit vaadates diivanil **kallistades.**

Pärast pikka **tööpäeva** on nii mõnus olla üksteisele lähedal. Ma tunnen end rahulolevana. Kuigi meil ei olnud sündmusterohket õhtut, oli tore lihtsalt koos aega veeta, ilma et oleksime pidanud kodust välja minema. Vaatasime filmi ja läksime varakult magama, olles **rahul** oma lihtsa õhtuga. Sellest on saanud üks meie lemmiktegevusi õhtutel, kui me ei taha välja minna - lihtsalt lõõgastume kodus ja naudime üksteise seltskonda koduse söögi juures. Alati on tore teada, et saame pärast pikka päeva siia tagasi tulla ja lihtsalt iseendaks jääda.

boccone... ed è **paradisiaco**! Il pollo è croccante all'esterno ma succoso all'interno; il sugo è saporito e perfetto; la pasta è cotta al dente... tutto ha un sapore assolutamente perfetto stasera. Sappiamo entrambi che questa è stata una di quelle sere in cui tutto si è unito alla perfezione, mentre **assaporiamo** fino all'ultimo boccone il nostro delizioso pasto. Il sapore era persino migliore del profumo, che era dannatamente buono! Finiamo il pasto relativamente in fretta, visto che oggi nessuno dei due ha particolarmente fame, ma ci prendiamo tutto il tempo necessario per goderci qualche altro **bicchiere di** vino chiacchierando con leggerezza di questo e quell'argomento. Dopo cena, puliamo velocemente insieme e poi ci spostiamo in salotto, dove passiamo un po' di tempo **a coccolarci** sul divano guardando la TV.

È così bello stare vicini dopo una lunga giornata di **lavoro**. Mi sento soddisfatta. Anche se non abbiamo avuto una serata movimentata, è stato bello passare un po' di tempo insieme senza dover uscire di casa. Abbiamo guardato un film e siamo andati a letto presto, sentendoci **soddisfatti** della nostra semplice serata. Questa è diventata una delle cose che **preferiamo** fare nelle sere in cui non vogliamo uscire: rilassarci a casa e goderci la reciproca compagnia con un pasto fatto in casa. È sempre bello sapere che possiamo tornare qui dopo una lunga giornata ed essere semplicemente noi stessi.

Arusaamise küsimused

1. Kust on jutustaja pärit?

2. Mida teeb jutustaja pärast tööd?

3. Mida sööb jutustaja õhtusöögiks?

4. Miks meeldib jutustajale köök?

5. Millist rooga valmistab paar?

6. Kuidas tunneb jutustaja end õhtu lõpus?

7. Mis on paari lemmiktegevus?

8. Mida teeb paar, kui nad väsivad?

9. Kus nad magavad?

10. Miks meeldib jutustajale kodus olla?

Domande di comprensione

1. Da dove viene il narratore?

2. Cosa fa il narratore dopo il lavoro?

3. Cosa mangia il narratore per cena?

4. Perché al narratore piace la cucina?

5. Che tipo di piatto cucina la coppia?

6. Come si sente il narratore alla fine della serata?

7. Qual è la cosa che la coppia preferisce fare?

8. Cosa fa la coppia quando è stanca?

9. Dove dormono?

10. Perché al narratore piace stare a casa?

Jalutuskäik koju

See oli **rahulik** õhtu, kui ma töölt koju kõndisin. Jalutades ei saanud ma muud teha, kui naeratada mälestuste üle. Oli hea tunne olla tagasi oma vanas naabruskonnas. Ma lehvitasin mõnele tuttavale inimesele ja nad lehvitasid tagasi. Oli hea olla kodus. Jalutasin oma vanast koolist mööda ja **meenutasin** kõiki häid aegu, mis mul oma sõpradega olid. Me kõndisime alati koos koju ja rääkisime oma päevast. **Mõnikord** peatusime ja võtsime jäätist või läksime parki. Need olid parimad ajad. Ma igatsen neid aegu. Aga nüüd on mul oma pere ja ma olen oma eluga rahul. Mul on hea meel, et ma võin neile mälestustele tagasi vaadata ja naeratada. Need on osa minu elust, mida ma alati kalliks pean. Need olid parimad ajad. Ma igatsen neid aegu. Aga nüüd on mul oma pere ja ma olen oma eluga rahul. Mul on hea meel, et ma saan neile **mälestustele** tagasi vaadata ja naeratada. Need on osa minu elust, mida ma alati kalliks pean.

Ma kõnnin edasi, mõeldes headele aegadele, mis mul oma sõpradega olid. Ma tean, et näen neid varsti uuesti. Ma suundun oma kodu poole ja otsustan kõndida läbi lähedalasuva pargi. Päike on loojumas ja taevas on muutumas **ilusaks** oranžiks. Park on tühi,

Camminare verso casa

Era una notte **tranquilla** mentre tornavo a casa dal lavoro. Mentre camminavo, non potevo fare a meno di sorridere ai ricordi. Era bello tornare nel mio vecchio quartiere. Salutai alcune persone che conoscevo e loro ricambiarono il saluto. Era bello essere a casa. Passai davanti alla mia vecchia scuola e **ricordai** tutti i bei momenti passati con i miei amici. Tornavamo sempre a casa insieme e parlavamo della nostra giornata. **A volte ci** fermavamo a prendere un gelato o andavamo al parco. Erano i momenti migliori. Mi mancano quei momenti. Ma ora ho la mia famiglia e sono felice della mia vita. Sono felice di poter guardare indietro a quei ricordi e sorridere. Sono una parte della mia vita che conserverò per sempre. Erano i tempi migliori. Mi mancano quei tempi. Ma ora ho la mia famiglia e sono felice della mia vita. Sono felice di poter guardare indietro a quei **ricordi** e sorridere. Sono una parte della mia vita che conserverò per sempre.

Continuo a camminare, pensando ai bei momenti passati con i miei amici. So che li rivedrò presto. Mi dirigo verso casa e decido di passeggiare in un parco lì vicino. Il sole sta tramontando e il cielo sta diventando di un **bel** colore arancione. Il parco è vuoto, a parte

välja arvatud mõned linnud, kes laulavad puude vahel. **Hingan** sügavalt **sisse** ja naeratan. Pargis jalutades näen taevas langevat tähte. Soovin seda tähte ja kõnnin edasi. Mõtlen oma tööpäevale ja sellele, kui **rahulik** see oli. Naeratan endale, mõeldes, kui õnnelik ma olen, et mul on nii hea töö. Kõnnin koju, **tundes** jahedat ööõhku oma nahal. Ma tunnen end nii elavana ja õnnelikuna, nautides lihtsalt seda, et kõnnin rahulikul ööl koju. Tundsin end nii hästi, et hakkasin **vilistama**. Jalutasin tänaval mõnest inimesest mööda, kuid nad kõik tegelesid oma asjadega.

Keerasin oma tänavale ja nägin oma naabri kassi, härra Viskit, minu verandal istumas. Ütlesin talle tere ja ta miautas tagasi. **Tegin** ukse **lahti** ja läksin sisse. Olin nii õnnelik, et olin kodus. Võtsin kingad jalast ja valmistasin end voodisse. Läksin sel õhtul magama, olles õnnelik ja tänulik, mu süda oli täis armastust. Magasin terve öö rahulikult, ilma et oleksin millegi pärast muretsenud. Ärkasin rahulikust unest ja mind **tervitas** aknast sisse paistev päike. Tõusin voodist ja sirutasin end, hingasin sügavalt sisse ning tundsin, kuidas jahe õhk mu kopsud täitis. Kõndisin akna juurde ja vaatasin välja, kuulsin lindude siplemist ja **oravate** mängimist. Naeratasin ja läksin riietuma, tundes end õnnelikuna ja rahulolevana.

qualche uccello che cinguetta tra gli alberi. Faccio un **respiro** profondo e sorrido. Mentre cammino nel parco, vedo una stella cadente che attraversa il cielo. Esprimo un desiderio su quella stella e continuo a camminare. Penso alla mia giornata di lavoro e a quanto sia stata **tranquilla**. Sorrido tra me e me, pensando a quanto sono fortunata ad avere un lavoro così bello. Cammino verso casa, **sentendo** l'aria fresca della notte sulla mia pelle. Mi sento così viva e felice, godendomi il semplice atto di tornare a casa in una notte tranquilla.
Mi sentivo così bene che iniziai a **fischiettare**. Passai accanto ad alcune persone per strada, ma tutte si facevano gli affari loro.

Svoltato l'angolo della mia strada, vidi il gatto del mio vicino, Mr. Whiskers, seduto sul mio portico. Lo salutai e lui ricambiò il miagolio. **Aprii la** porta ed entrai.
Ero così felice di essere a casa. Mi tolsi le scarpe e mi preparai per andare a letto. Quella sera andai a letto felice e grata, con il cuore pieno d'amore. Dormii profondamente per tutta la notte, senza preoccuparmi di nulla. Mi svegliai da un sonno ristoratore e fui **accolta** dal sole che entrava dalla finestra. Mi alzai dal letto e mi stiracchiai, facendo un respiro profondo e sentendo l'aria fresca riempirmi i polmoni. Mi avvicinai alla finestra e guardai fuori, sentendo gli uccelli cinguettare e gli **scoiattoli** giocare. Sorrisi e andai a vestirmi, sentendomi felice e soddisfatta.

Arusaamise küsimused

1. Mida tegi peategelane, kui lugu algas?

2. Mida mõtles peategelane koju kõndides?

3. Mida tavatses peategelane koos sõpradega pärast kooli teha?

4. Mida peategelane nendest aegadest igatseb?

5. Mida arvab peategelane oma praegusest elust?

6. Mida teeb peategelane, kui ta näeb langevat tähte?

7. Mida tunneb peategelane, kui ta koju läheb?

8. Mida teeb peategelane, kui ta koju jõuab?

9. Kuidas tunneb peategelane end järgmisel hommikul ärgates?

10. Mida teeb peategelane järgmisel päeval?

Domande di comprensione

1. Cosa stava facendo il protagonista quando è iniziata la storia?

2. A cosa pensava il protagonista mentre tornava a casa?

3. Cosa faceva il protagonista con gli amici dopo la scuola?

4. Cosa manca al protagonista di quei tempi?

5. Cosa pensa il protagonista della sua vita attuale?

6. Cosa fa il protagonista quando vede una stella cadente?

7. Come si sente il protagonista quando torna a casa?

8. Cosa fa il protagonista quando torna a casa?

9. Come si sente il protagonista quando si sveglia la mattina dopo?

10. Cosa fa il protagonista il giorno dopo?

Loss

Perekond oli alati tahtnud külastada ühte vana lossi **Saksamaal** ja lõpuks võtsid nad selle reisi ette. Nad ei olnud **pettunud**. Loss oli ilus ning nad nautisid selle paljude tubade ja koridoride avastamist. Esimene asi, mis neid tabas, oli lõhn. Nad leidsid **hallitust**, niiskust ja midagi muud, mida nad ei osanud täpselt määratleda. Teine asi oli heli. Kiviseinad on küll paksud, kuid need ei summuta heli täielikult. Nad kuulsid iga sammu, iga normaalse häälega öeldud sõna ja aeg-ajalt **kuskil** eemal tilkuvat vett. Kui nende silmad kohanesid hämaraga, nägid nad ümberringi massiivseid kiviseinu, mille küljes rippusid seintelt **räsitud** kaltsukesed. Nad seisid tohutus saalis, mille kõrget lage toetasid nikerdatud sambad. Neile meeldis ka tornidest avanev vaade ja lastel oli väga lõbus ringi joosta. **Päike** oli hakanud loojuma, kui nad lossi avastamisega lõpetasid, ja nad kahetsesid, et ei olnud **taskulampi** kaasa võtnud. Nad otsustasid minna tagasi sissepääsu juurde, kuid peagi leidsid nad end eksinud olevat. Nad ekslesid ringi tundus olevat tundide kaupa, kuni lõpuks leidsid nad ukse, mis viis väljapoole. Nad läksid edasi, kuni **jõudsid** saali lõppu ja jõudsid imposantsete topeltuste juurde. Nad püüdsid, kuidas tahtsid, kuid uksed ei liigutanud end. Need kolisesid **kurjakuulutavalt**, kuid ei liikunud sentigi. Näis, et kes iganes siin varem oli, pidi

Il castello

La famiglia aveva sempre desiderato visitare un antico castello in **Germania** e finalmente ha intrapreso il viaggio. Non sono rimasti **delusi**. Il castello era bellissimo e si sono divertiti a esplorare le sue stanze e i suoi corridoi. La prima cosa che li colpì fu l'odore. Trovarono **muffa**, umidità e qualcos'altro che non riuscirono a definire con precisione. La seconda cosa è stata il suono. I muri di pietra sono spessi, ma non attutiscono completamente il suono. Sentirono ogni passo, ogni parola pronunciata con voce normale e l'occasionale gocciolio dell'acqua **da qualche parte** in lontananza. Quando i loro occhi si adattarono alla luce fioca, videro le massicce mura di pietra che incombevano intorno a loro, con gli arazzi appesi a **brandelli**. Si trovavano in un'enorme sala con un alto soffitto sostenuto da pilastri scolpiti. Anche a loro piaceva molto la vista che si godeva dalle torrette e i bambini si divertivano un mondo a correre per il parco. Quando finirono di esplorare il castello, il **sole** era già tramontato e si pentirono di non aver portato una **torcia**. Decisero di tornare all'ingresso, ma si persero subito. Vagarono per ore e ore, finché alla fine trovarono una porta che conduceva all'esterno. Proseguirono fino **alla** fine del corridoio e si trovarono davanti a un'imponente serie di doppie porte. Per

siit läbi käima ja need seestpoolt lukustama. Lõpuks leiavad nad väljapääsu. Rahulolu valdas neid, kui nad astusid välja jahedasse öööhku.

Päike oli hakanud loojuma ja nad **kahetsesid, et** ei olnud taskulampi kaasa võtnud. Nad otsustasid minna tagasi sissepääsu juurde, kuid peagi leidsid nad end eksinud olevat. Nad eksleslid ringi, mis tundus tundide viisi, kuni lõpuks leidsid nad ukse, mis viis **välja**. Kui nad jahedasse öööhku astusid, valdas neid kergendus. Järgmisel õhtul võtsid nad kindlasti taskulambi kaasa, kui nad uurisid ülejäänud lossi. Nad kõndisid läbi **siseõue** ja alla jõe äärde, mis voolas lossimüüride taga. Kui nad ringi kõndisid, hakkasid nad kuulma kummalisi hääli. See kõlas nii, nagu oleks keegi neid jälginud. Nad kiirendasid oma sammu, kuid hääled muutusid valjemaks ja lähemale. Perekond jooksis nii kiiresti kui võimalik tagasi lossi ja nägid kergendatult, et **tumedas** mantlis tegelane ei olnud neile järgnenud.

quanto potessero, le porte non si muovevano. Scricchiolano **minacciosamente**, ma non si muovono di un millimetro. Sembrava che chiunque fosse stato qui prima dovesse essere passato di qui e averle chiuse dall'interno. Alla fine trovano una via d'uscita. Il sollievo li invade mentre escono nell'aria fresca della notte.

Il sole aveva iniziato a tramontare e si **pentirono di non aver** portato una torcia elettrica. Decisero di tornare all'ingresso, ma presto si persero. Vagarono per ore e ore, finché alla fine trovarono una porta che conduceva all'**esterno**. Il sollievo li colse quando uscirono nell'aria fresca della notte. La sera successiva si assicurarono di portare con sé una torcia per esplorare il resto del castello. Attraversarono il **cortile** e scesero fino al fiume che scorreva dietro le mura del **castello**. Mentre camminavano, cominciarono a sentire strani rumori. Sembrava che qualcuno li stesse seguendo. Accelerarono il passo, ma i rumori diventavano sempre più forti e vicini. La famiglia tornò al castello il più velocemente possibile e si accorse con sollievo che la figura con il mantello **scuro** non li aveva seguiti.

Arusaamise küsimused

1. Mida tegi perekond, kui nad lossi eksisid?

2. Mida tundis perekond, kui nad avastasid, et tegemist on lihtsalt kohaliku mehega?

3. Mida tegi mees, mille tõttu ta arreteeriti?

4. Milline oli selle mehe karistus?

5. Millist müra kuulis perekond jalutuskäigu ajal?

6. Kus oli tumedas mantlis kuju, kui perekond teda nägi?

7. Mida tegi perekond, kui nad oma tuppa tagasi jõudsid?

8. Millal perekond jälle lossi uurima läks?

9. Mis oli see asi, mida pere ei suutnud kindlaks teha?

10. Mida tegi perekond enne, kui nad läksid uuesti lossi uurima?

Domande di comprensione

1. Cosa fece la famiglia quando si perse nel castello?

2. Come si è sentita la famiglia quando ha scoperto che si trattava solo di un uomo del posto?

3. Che cosa ha fatto l'uomo che lo ha fatto arrestare?

4. Qual è stata la sentenza per l'uomo?

5. Quale rumore ha sentito la famiglia mentre camminava?

6. Dov'era la figura con il mantello scuro quando la famiglia lo vide?

7. Che cosa ha fatto la famiglia quando è tornata nella sua stanza?

8. Quando la famiglia è tornata a esplorare il castello?

9. Qual era la cosa che la famiglia non riusciva a capire?

10. Cosa fece la famiglia prima di tornare a esplorare il castello?

Minu aed

Minu aed on minu õnnelik koht. Ma lähen sinna iga päev, olgu vihma või vihma, ja veedan aega oma taimede eest hoolitsedes. Mul on natuke **kõike - köögivilju**, puuvilju, lilli, maitsetaimi. Mul on isegi paar kana, kes aitavad kahjureid eemal hoida. Alustan oma päevi aias kanade munade kogumisega. Seejärel kontrollin oma köögivilju, et nad saaksid piisavalt vett ja päikest. Ma rohtun voodeid ja noppin ära kõik putukad, mis võivad taimi **rünnata.** Kui **kõik** on tehtud, istun maha ja naudin looduse rahu ja vaikust.

Mulle on alati meeldinud oma aias aega veeta. Loodus ja kogu selle pakutav **ilu** ümbritsevad mind kuidagi. Minu arvates on see väga rahulik ja rahustav koht. Veedan sageli aega oma aias lihtsalt lõõgastudes ja maastikku nautides. Samuti meeldib mulle aias töötada ja asju kasvatada. Mul on päris suur aed ja mulle meeldib seal erinevaid asju kasvatada. Ma kasvatan lilli, **köögivilju** ja maitsetaimi. Mul on ka mõned viljapuud, mis toodavad maitsvaid õunu, pirne ja ploome. Lisaks kasvatamisele meeldib mulle ka lihtsalt oma aias ringi jalutada ja **imetleda** kõiki erinevaid taimi ja loomi, kes seda aeda koduks peavad. Olen aastate jooksul veetnud palju tunde, et muuta oma **aed** mitte ainult ilusaks, vaid ka funktsionaalseks. Mulle meeldib jälgida

Il mio giardino

Il mio giardino è il mio luogo felice. Esco ogni giorno, con la pioggia o con il sole, e passo il tempo a curare le mie piante. Ho un po' di **tutto: verdure**, frutta, fiori, erbe aromatiche. Ho anche alcune galline che mi aiutano a tenere lontani i parassiti. Inizio le mie giornate in giardino raccogliendo le uova dalle galline. Poi controllo le verdure, assicurandomi che ricevano acqua e sole a sufficienza. Diserbo le aiuole e rimuovo gli insetti che potrebbero **attaccare** le piante. Una volta sistemato **tutto**, mi siedo e mi godo la pace e la tranquillità della natura.

Ho sempre amato trascorrere del tempo nel mio giardino. C'è qualcosa nell'essere circondati dalla natura e da tutta la **bellezza che** ha da offrire. Trovo che sia un luogo molto tranquillo e rilassante. Spesso trascorro il tempo nel mio giardino rilassandomi e godendomi il paesaggio. Mi piace anche lavorare nel mio giardino e coltivare. Ho un giardino di buone dimensioni e mi piace coltivare **diverse** cose. Coltivo fiori, **verdure** ed erbe aromatiche. Ho anche alcuni alberi da frutto che producono mele, pere e prugne deliziose. Oltre a coltivare, mi piace anche passare il tempo passeggiando nel mio giardino, **ammirando** tutte le piante e gli animali che lo abitano. Negli anni

lindude lendlemist ja kuulata nende laulmist. Mõnikord võtan isegi raamatu välja ja loen aias, olles ümbritsetud kogu selle ilu poolt, mille olen loonud. **Aiatöö** on minu kirg ja see toob mulle nii palju rõõmu. Iga päev minu aias on hea päev.

Üks asi, mida ma armastan teha, on süüa teha, seega on hästi varustatud ürdiaed minu jaoks väga **oluline.** Tüümian, basiilik, pune, rosmariin, salvei ja lavendel on vaid mõned maitsetaimed, mida mulle meeldib oma aias kasvatada, et saaksin neid kasutada, kui valmistan endale või **külalistele** toitu. Veel üks asi, mis on minu jaoks oluline, on tagada, et minu aias oleks palju värvi. Selle eesmärgi saavutamiseks kasvatan ma mitmesuguseid lilli, sealhulgas **roose**, lillioone, marliuneid, tulpe, impatiens'e, astelpaju jne. Lisaks lilledega värvide lisamisele meeldib mulle ka huvi lisada, kasutades erinevaid **tekstuure** kogu aias. Näiteks võin ma istutada sõnajalgu kõrguvate päevalillede alla või hostasid **kõrvuti** okkaliste dekoratiivsete rohttaimedega. Olenemata sellest, mis iganes muidu elus toimub, aitab aias töötamine **mul** alati tunda end rohkem loodusega seotud ja endaga rahulikumalt.

ho trascorso molte ore a lavorare per rendere il mio **giardino** un luogo non solo bello ma anche funzionale. Mi piace osservare gli uccelli che svolazzano in giro e ascoltarli cantare. A volte tiro fuori un libro e leggo in giardino, circondata da tutta la bellezza che ho creato. Il **giardinaggio** è la mia passione e mi porta tanta gioia. Ogni giorno nel mio giardino è un buon giorno.

Una delle cose che amo fare è cucinare, quindi avere un giardino di erbe aromatiche ben fornito è molto **importante** per me. Timo, basilico, origano, rosmarino, salvia e lavanda sono solo alcune delle erbe che mi piace coltivare nel mio giardino per poterle usare quando cucino per me o per gli **ospiti**. Un'altra cosa importante per me quando si tratta del mio giardino è assicurarmi che ci sia molto colore in tutto il giardino. Per raggiungere questo obiettivo, coltivo una grande varietà di fiori, tra cui **rose**, gigli, margherite, tulipani, impatiens, calendule, ecc. Oltre ad aggiungere colore con i fiori, mi piace anche aggiungere interesse utilizzando diverse **texture** in tutto il giardino. Per esempio, potrei piantare felci sotto imponenti girasoli o hosta **accanto a** spigolose erbe ornamentali. Indipendentemente da ciò che accade nella vita, lavorare nel mio giardino **riesce** sempre a farmi sentire più connessa con la natura e in pace con me stessa.

Arusaamise küsimused

1. Kus on autori aed?

2. Mitu kana on autoril?

3. Mida teeb autor iga päev aias?

4. Miks meeldib autorile aed?

5. Milliseid maitsetaimi istutab autor aeda?

6. Miks on autori jaoks oluline, et tema aias on palju värve?

7. Kuidas toob autor oma aeda mitmekesisust?

8. Mida tunneb autor, kui ta oma aias töötab?

9. Mis paneb autorit oma aias viibides ühendama?

10. Miks on iga päev autori aias hea päev?

Domande di comprensione

1. Dove si trova il giardino dell'autore?

2. Quanti polli ha l'autore?

3. Che cosa fa l'autore in giardino ogni giorno?

4. Perché all'autore piace il giardino?

5. Quali sono le erbe che l'autore pianta nel giardino?

6. Perché è importante per l'autore che ci siano molti colori nel suo giardino?

7. Come fa l'autore a dare varietà al suo giardino?

8. Come si sente l'autore quando lavora nel suo giardino?

9. Cosa fa sentire l'autore in sintonia quando è nel suo giardino?

10. Perché ogni giorno nel giardino dell'autore è un buon giorno?

Ostlemas käimine

Mulle meeldib kaubanduskeskuses **šoppamas** käia. Seal on alati nii lõbus ringi jalutada ja kõiki erinevaid poode vaadata. Kaubanduskeskuses on igaühele midagi ja seal on alati hea võimalus leida soodsaid riideid, jalatseid ja aksessuaare. **Tavaliselt** alustan oma ostureisi kaubanduskeskuse **peasissekäiguga.** Sealt suundun kõigepealt oma lemmikpoodidesse. Pärast nende poodide läbivaatamist kõnnin ringi ja vaatan, kas teistes kohtades on käimas mingi soodusmüük. Tavaliselt veedan kaubanduskeskuses paar tundi, enne kui lõpuks oma ostud teen. Mulle meeldib ostude tegemisel alati aega võtta**, sest** ma tahan olla kindel, et saan **täpselt** seda, mida tahan. Pealegi on nii lihtsalt lõbusam!

Minu jaoks on alati nii **põnev** inimesi vaadata, kui ma olen kaubanduskeskuses. Inimese kohta saab tõesti palju öelda selle järgi, kuidas ta ostab. Mõned inimesed on väga metoodilised ja võtavad endale aega, samas kui teised näivad lihtsalt haaravat **kõikvõimalikke asju** ja suunduvad kassasse nii kiiresti kui võimalik. On ka neid ostjaid, kes tunduvad olevat rohkem huvitatud oma mobiiltelefoniga rääkimisest või tekstisõnumite saatmisest kui kauba vaatamisest! Ükskõik, milline ostja sa ka ei oleks, tundub, et kõik naudivad vaateakende

Fare shopping

Mi piace andare **a fare shopping al** centro commerciale. È sempre molto divertente passeggiare e guardare tutti i diversi negozi. Al centro commerciale ce n'è per tutti i gusti ed è sempre un ottimo posto per trovare offerte su vestiti, scarpe e accessori. **Di solito** inizio il mio shopping attraversando l'**ingresso** principale del centro commerciale. Da lì, mi dirigo prima verso i miei negozi preferiti. Dopo aver dato un'occhiata a quei negozi, vado in giro a vedere se ci sono saldi in corso in altri posti. Di solito trascorro un paio d'ore nel centro commerciale prima di fare i miei acquisti. Mi piace sempre prendermi il tempo necessario per fare shopping**, perché** voglio essere sicura di acquistare **esattamente** ciò che voglio. In più, così è più divertente!

Trovo sempre molto **affascinante** osservare le persone mentre sono al centro commerciale. Si può capire molto di una persona dal modo in cui fa acquisti. Alcune persone sono molto metodiche e si prendono il loro tempo, mentre altre sembrano prendere **tutto quello che** possono e dirigersi alla cassa il più velocemente possibile. Ci sono anche quelli che sembrano più interessati a parlare al cellulare o a mandare messaggi piuttosto che guardare la merce! A prescindere dal tipo

ostmist - isegi kui sa tegelikult midagi ei osta. Kõikide ilusate asjade vaatamine **poeakendest** teeb mind lihtsalt õnnelikuks. Mõnikord fantaseerin sellest, mis oleks, kui ma saaksin endale **kõike seda,** mida ma näen, lubada! Kokkuvõttes on kaubanduskeskuses ostlemise päev üks minu lemmikajaveetmistest. See on suurepärane võimalus lõõgastumiseks ja lõõgastumiseks ning samal ajal saab ka natuke trenni (kui piisavalt palju ringi jalutada). Lisaks on **alati** tore end aeg-ajalt uue särgi või kingapaariga kostitada!

Mul oli **pikk** päev tööl ja lõpuks oli mul aega enda jaoks, nii et otsustasin minna kaubanduskeskusesse sisseoste tegema. Mul oli vaja uusi riideid **eelseisvaks** hooajaks. Kohe, kui ma sisse astusin, nägin kõiki heledaid valgusteid ja säravaid poefronte. Suundusin kõigepealt oma lemmikpoodi ja hakkasin riiuleid sirvima. Leidsin mõned armsad topsid ja proovisin neid riietusruumis. Kui ma ennast peeglist vaatasin, kuulsin, kuidas keegi tuli minu kõrval asuvasse riietusruumi. Ma tundsin tema hääle ära kui ühe oma töökaaslase. Me tervitasime ja hakkasime tööasjadest vestlema. Mõne minuti pärast lõpetasime mõlemad ja läksime **oma** teed, kuid hiljem kohtasime teineteist uuesti. Me jätkasime vestlust ja saime aru, et meil on rohkem ühist, kui me arvasime.

di acquirente, però, sembra che a tutti piaccia guardare le vetrine, anche se non si compra nulla. C'è qualcosa che mi rende felice nel guardare tutte le belle cose nelle **vetrine** dei negozi. A volte fantastico su come sarebbe se potessi permettermi **tutto quello che** vedo! Tutto sommato, trascorrere una giornata di shopping al centro commerciale è uno dei miei passatempi preferiti. È un ottimo modo per rilassarsi e distendersi, facendo anche un po' di esercizio fisico (se si cammina abbastanza). Inoltre, è **sempre** bello concedersi una camicia o un paio di scarpe nuove ogni tanto!

Ho avuto una **lunga** giornata di lavoro e finalmente avevo un po' di tempo per me, così ho deciso di andare a fare shopping al centro commerciale. Mi servivano dei vestiti nuovi per la **prossima** stagione. Appena sono entrata, ho visto tutte le luci e le vetrine scintillanti. Mi sono diretta prima al mio negozio preferito e ho iniziato a sfogliare gli scaffali. Ho trovato alcuni top carini e li ho provati nel camerino. Mentre mi guardavo allo specchio, sentii qualcuno entrare nel **camerino** accanto al mio. Ho riconosciuto la sua voce come quella di una mia collega. Ci siamo salutati e abbiamo iniziato a chiacchierare di lavoro. Dopo qualche minuto, entrambi abbiamo finito e siamo andati per la **nostra** strada, ma ci siamo incontrati di nuovo più tardi. Abbiamo continuato a chiacchierare e ci siamo resi conto di avere in comune più di quanto pensassimo.

Arusaamise küsimused

1. Kus teile meeldib kõige rohkem hoiustada?

2. Milline on teie lemmikpood kaubanduskeskuses?

3. Kui kaua te tavaliselt kaubanduskeskuses viibite?

4. Mida arvate inimestest, kes veedavad palju aega kaubanduskeskuses?

5. Mis on teie lemmik asi, mida kaubanduskeskuses teha?

6. Kas olete kunagi ostnud kaubanduskeskusest midagi, mida te tegelikult ei vaja?

7. Kuidas te reageerite, kui näete kaubanduskeskuses midagi, mis teile väga meeldiks, kuid on liiga kallis?

8. Kas olete kunagi näinud kaubanduskeskuses midagi ja mõelnud, kes seda ostaks?

9. Mis on teie arvamus inimestest, kes on kaubanduskeskuses oma mobiiltelefoniga hõivatud, selle asemel et poode vaadata?

10. Kas te arvate, et kaubanduskeskus on hea koht, kus sõpradega kohtuda?

Domande di comprensione

1. Dove vi piace di più conservare?

2. Qual è il vostro negozio preferito nel centro commerciale?

3. Quanto tempo si ferma di solito al centro commerciale?

4. Cosa pensa delle persone che trascorrono molto tempo al centro commerciale?

5. Qual è la cosa che preferite fare al centro commerciale?

6. Avete mai comprato qualcosa al centro commerciale quando non ne avevate davvero bisogno?

7. Come reagite quando al centro commerciale vedete qualcosa che vi piacerebbe molto, ma che costa troppo?

8. Avete mai visto qualcosa al centro commerciale e vi siete chiesti chi lo avrebbe comprato?

9. Qual è la sua opinione sulle persone che al centro commerciale sono impegnate con il cellulare invece di guardare i negozi?

10. Pensi che il centro commerciale sia un buon posto per incontrarsi con gli amici?

Turul

Laupäeva hommikul ärkan varakult, et jõuda **turule,** enne kui see liiga täis saab. Viskan selga mõned riided ja lähen uksest välja, haarates teel oma korduvkasutatavad kotid. Jalutades hakkan planeerima, mida tahan eelseisvaks nädalaks teha. Tean, et tahan vähemalt korra köögivilju **praadida,** seega pean ostma kvaliteetseid köögivilju. Samuti tahan teha suppi või hautist, seega pean hankima ka liha. Pean vaatama, mis tundub hea, kui ma sinna jõuan. Turg on vaid mõne kvartali kaugusel ja ma näen juba üles pandud kioskeid ja **inimesi, kes** seal askeldavad.

Saabun turule ja suundun otse köögiviljalauda. Valik on ilus ja ma täidan oma kotid mitmesuguste **värskete** toodetega. Vestlen veidi aega põllumehega ja ta soovitab mulle mõned retseptid. Olen põnevil, et neid proovida. Vestlen **talunikega,** kui ma poes käin, tutvun nende ja nende toodetega. Kui mul on kõik vajalikud köögiviljad olemas, liigun edasi lihaosakonda. Siin olen veidi kõhklevam, sest ma ei ole kindel, mida ma tahan osta. Lõpuks otsustan kana kasuks, sest see on mitmekülgne ja seda saab kasutada paljudes roogades. Samuti ostan paar erinevat lihalõiku, jälgides, et ma ostaksin rohusöödaga kasvatatud veiseliha ja vabapidamisel kasvatatud **kana**. Lihunik oli sõbralik

Al mercato

Mi sveglio presto il sabato mattina, desiderosa di andare al **mercato** prima che sia troppo affollato. Mi infilo i vestiti e mi avvio verso la porta, prendendo le mie borse riutilizzabili. Mentre cammino, inizio a pianificare quello che voglio fare per la settimana a venire. So che voglio **arrostire le** verdure almeno una volta, quindi dovrò comprare delle verdure di buona qualità. Voglio anche fare una zuppa o uno stufato, quindi dovrò comprare anche della carne. Dovrò vedere cosa c'è di buono quando arriverò lì. Il mercato è a pochi isolati di distanza e vedo già le bancarelle allestite e la **gente** che vi si aggira.

Arrivo al mercato e mi dirigo subito verso il banco delle verdure. La scelta è bellissima e riempio le mie borse con una grande varietà di prodotti **freschi**. Parlo un po' con il contadino e mi consiglia alcune ricette. Non vedo l'ora di provarle. Mentre faccio la spesa, chiacchiero con i **contadini** per conoscere meglio loro e i loro prodotti. Dopo aver preso tutte le verdure che mi servono, passo al reparto carne. Qui sono un po' più titubante, perché non sono sicuro di quello che voglio prendere. Alla fine scelgo il pollo, perché è versatile e può essere utilizzato in diversi piatti. Compro anche alcuni tagli di carne diversi, assicurandomi di prendere

mees, kes oli alati rõõmsameelne, vaatamata pikkadele töötundidele. Ta pakkis mu kanarindu ja praadi kokku, enne kui vestles minuga oma nädalavahetuse plaanidest. Ma jätsin temaga hüvasti ja jätkasin oma teed. Võtsin piimaosakonnast ka mõned munad ja juustu.

Turg oli täis inimesi, kes kõik soovisid saada **kätte** värsket toodangut ja liha, mida pakuti. Õhk oli tihedalt küüslaugu ja sibula lõhnast tulvil ning naeru ja vestluse heli täitis õhku. Ma liikusin läbi rahvahulga, valides oma iganädalase poe jaoks vajalikke kaupu. Täitsin oma **korvi** puu- ja köögiviljade, makaronide ja leivaga, enne kui suundusin kassasse. Järjekord oli pikk, kuid liikus kiiresti. Lõpuks olid viimased **toidukaubad** ostetud ja oli aeg koju minna. Auto sai täis laaditud ja sõit koju oli pikk ja tüütu. Liiklus oli tihe ja kuumus rõhuv. Lõpuks sõitis auto sissesõiduteele ja kergendus oli käegakatsutav. Maja oli jahe ja vaikne ning see oli varjupaik pärast turuhoogu. Kõik oli ära pandud ja majas valitses peagi jälle tavapärane rahu ja vaikus. Mul oli kõik vajalik, et valmistada endale ja oma perele **maitsvaid** toite. Oli hea olla kodus.

carne di manzo nutrita con erba e **pollo** allevato all'aperto. Il macellaio era un uomo cordiale, sempre allegro nonostante le lunghe ore di lavoro. Mi ha incartato i petti di pollo e la bistecca prima di parlarmi dei suoi programmi per il fine settimana. Lo salutai e proseguii per la mia strada. Ho preso anche delle uova e del formaggio dal reparto latticini.

Il mercato era pieno di gente, tutti desiderosi di mettere le **mani sui** prodotti freschi e sulla carne che venivano offerti. Nell'aria si sentiva l'odore dell'aglio e delle cipolle, e il suono delle risate e delle conversazioni riempiva l'aria. Mi feci strada tra la folla, scegliendo gli altri articoli necessari per la mia spesa settimanale. Riempii il mio **cestino** di frutta e verdura, pasta e pane, prima di dirigermi alla cassa. La fila era lunga, ma si snodava rapidamente. Finalmente gli ultimi acquisti furono fatti ed era ora di tornare a casa. L'auto fu caricata e il viaggio verso casa fu lungo e noioso. Il traffico era intenso e il caldo opprimente. Alla fine l'auto entrò nel vialetto e il sollievo fu palpabile. La casa era fresca e silenziosa ed era un rifugio dopo il **trambusto** del mercato. Tutto fu messo a posto e la casa tornò presto alla sua solita pace e tranquillità. Avevo tutto il necessario per preparare dei piatti **deliziosi** per me e per la mia famiglia. Era bello essere a casa.

Arusaamise küsimused

1. Kuhu inimene läheb?

2. Mida inimene soovib osta?

3. Mitu kotti on isikul?

4. Kui kaugel on turg?

5. Mida see inimene praegu teeb?

6. Mis on kõik turul?

7. Kui palju inimesi on turul?

8. Kui kaua kulus inimesel aega, et kõik osta?

9. Kuidas inimene koju läks?

10. Mida tegi inimene, kui ta koju jõudis?

Domande di comprensione

1. Dove sta andando la persona?

2. Cosa vuole comprare la persona?

3. Quante borse ha la persona?

4. Quanto è lontano il mercato?

5. Cosa sta facendo la persona in questo momento?

6. Che cos'è il mercato?

7. Quante persone ci sono nel mercato?

8. Quanto tempo ha impiegato la persona a comprare tutto?

9. Come è tornata a casa la persona?

10. Cosa ha fatto la persona quando è tornata a casa?

Kohvikus

Oli jahe sügishommik ja ma olin kokku leppinud, et kohtun oma sõbranna Liliga meie lemmikkohvikus kohvi joomiseks. Pakkusin end soojalt mantlisse ja salli ning läksin teele. Puudelt olid lehed langemas ja õhk oli niru, kuid päike paistis ja see lubas tulla ilus päev. Jalutades **mõtlesin**, kui hea on, et mul on selline sõber nagu Lily. Me olime olnud sõbrad juba aastaid, alates sellest ajast, kui kohtusime **ülikoolis**. Meid ühendas meie armastus kohvi vastu ja kohvikutes vesteldes veedetud aeg. Kuigi me elasime nüüd eri linnaosades, õnnestus meil ikkagi kord nädalas kohvile kohtuda. Kui ma kohvikusse jõudsin, ootas Lily mind juba seal. Me kallistasime teineteist tervitades ja tellisime siis oma kohvid. Leidsime laua akna ääres ja asusime vestlema. **Kohv** oli maitsev, nagu alati, ja Lilyga oli nii tore juttu ajada. Rääkisime oma nädalast, oma töökohtadest ja tulevikuplaanidest. Lilyga oli alati nii lihtne rääkida ja ma tundsin, et võin talle kõike rääkida. Mõne aja pärast hakkas meil nälg tekkima ja me **otsustasime** tellida süüa.

Tellisime oma toidu ja leidsime koha akna ääres. Aknast paistis sisse päike, mis tegi kõik soojaks ja rõõmsaks. Me vestlesime oma toitu süües, nautides üksteise **seltskonnas** olemise lihtsat naudingut. Kohvik

In un caffè

Era una fredda mattina **d'autunno** e avevo fissato un appuntamento con la mia amica Lily al nostro bar preferito per un caffè. Mi avvolsi al caldo nel cappotto e nella sciarpa e mi avviai. Le foglie cadevano dagli alberi e l'aria era pungente, ma il sole splendeva e prometteva di essere una bella giornata. Mentre camminavo, **pensavo** a quanto fosse bello avere un'amica come Lily. Eravamo amiche da anni, da quando ci eravamo conosciute all'**università**. Avevamo legato per il nostro amore per il caffè e per il tempo trascorso a chiacchierare nei bar. Anche se ora vivevamo in zone diverse della città, riuscivamo comunque a vederci per un caffè una volta alla settimana. Arrivai al caffè e Lily era già lì ad aspettarmi. Ci salutammo con un abbraccio e poi ordinammo i nostri caffè. Trovammo un tavolo vicino alla finestra e ci sedemmo a chiacchierare. Il **caffè** era delizioso, come sempre, ed è stato così bello recuperare il tempo perduto con Lily. Parlammo della nostra settimana, dei nostri lavori e dei nostri progetti per il futuro. Era sempre così facile parlare con Lily e mi sembrava di poterle dire tutto. Dopo un po' cominciammo ad avere fame e **decidemmo** di ordinare qualcosa da mangiare.

Ordinammo il cibo e trovammo posto vicino alla

oli küll hõivatud, kuid see ei tundunud rahvarohke. Õhus valitses rahu ja rahulolu. Kui me oma toidu valmis saime, istusime veel mõnda aega, nautides lihtsalt rahulikku **õhkkonda**. Rääkisime mõnda aega erinevatest asjadest, mis meie elus toimusid. Oli nii mõnus oma sõbraga juttu ajada ja lihtsalt **lõõgastuda**. Päike paistis läbi akna ja tundus, et **miski** ei saa meie täiuslikku päeva rikkuda.

Järsku kuulsin valju kolinat. Pöördusin ringi ja nägin, et üks mees oli läbi lae kukkunud ja lebas meie ees põrandal. Ta oli **kaetud** tolmu ja prahiga ning näis olevat teadvuseta. Minu sõber ja mina olime mõlemad šokis, kui me põrandal lamavat meest vaatasime. Me ei teadnud, mida teha või keda appi kutsuda. Me lihtsalt istusime seal ja vahtisime teda, teadmata, mida teha. Mõne minuti pärast sain end kokku ja helistasin hädaabinumbrile. Operaator ütles mulle, et keegi tuleb varsti kohale. Panin telefoni kinni ja ütlesin oma sõbrale, mida **operaator** oli öelnud. Me mõlemad lihtsalt istusime seal ja ootasime abi saabumist. See tundus igavesti, kuid lõpuks saabus kiirabi. Meedikud tormasid kohale ja hakkasid mehe kallal tööd tegema. Nad tegid kiiresti kindlaks, et ta on vigastatud ja tuleb **haiglasse viia**.

finestra. Il sole entrava dalla finestra, rendendo tutto più caldo e felice. Chiacchierammo mentre mangiavamo, godendoci il semplice piacere di stare in **compagnia**. Il caffè era affollato, ma non sembrava affollato. C'era una sensazione di pace e soddisfazione nell'aria. Finito il cibo, ci sedemmo ancora per un po', godendoci l'**atmosfera** tranquilla. Abbiamo parlato per un po' di cose diverse che stavano accadendo nelle nostre vite. È stato così bello recuperare il tempo perduto con la mia amica e **rilassarsi**. Il sole splendeva attraverso la finestra e sembrava che **nulla** potesse rovinare la nostra giornata perfetta.

All'improvviso sentii un forte schianto. Mi girai e vidi che un uomo era caduto dal soffitto e giaceva sul pavimento di fronte a noi. Era **coperto** di polvere e detriti e sembrava privo di sensi. Io e il mio amico eravamo entrambi sotto shock mentre fissavamo l'uomo steso sul pavimento. Non sapevamo cosa fare o chi chiamare aiuto. Rimanemmo lì a fissarlo, senza sapere cosa fare. Dopo qualche minuto mi sono ripreso e ho chiamato il 911. L'operatore mi disse che qualcuno sarebbe arrivato presto. Riattaccai il telefono e raccontai al mio amico quello che mi aveva detto l'**operatore**. Rimanemmo entrambe sedute ad aspettare l'arrivo dei soccorsi. Sembrava un'eternità, ma alla fine **arrivò** un'ambulanza. I paramedici si precipitarono e iniziarono a lavorare sull'uomo. Hanno subito stabilito che era ferito e che doveva essere portato in **ospedale**.

Arusaamise küsimused

1. Kust tuleb mees, kes kukub läbi katuse?

2. Miks on naine koos oma sõbraga kohvikus?

3. Milline on kahe sõbra lemmikkohvik?

4. Kui kaua on need kaks sõpra teineteist tundnud?

5. Mis on kahe sõbra lemmikjook?

6. Millises linnas elavad need kaks sõpra?

7. Kui tihti kohtuvad need kaks sõpra?

8. Millest räägivad kaks sõpra, kui nad esimest korda oma lemmikkohvikus kohtuvad?

9. Mis on kahe sõbra lemmiktoit?

10. Miks on Lilyga nii lihtne rääkida?

Domande di comprensione

1. Da dove viene l'uomo che cade dal tetto?

2. Perché la donna è con la sua amica nel caffè?

3. Qual è il caffè preferito dai due amici?

4. Da quanto tempo i due amici si conoscono?

5. Qual è la bevanda preferita dai due amici?

6. In quale città vivono i due amici?

7. Quanto spesso si incontrano i due amici?

8. Di cosa parlano i due amici quando si incontrano per la prima volta nel loro caffè preferito?

9. Qual è il cibo preferito dai due amici?

10. Perché è così facile parlare con Lily?

Ujumine

Bassein oli alati **värskendav** koht, ja täna ei olnud see teisiti. Päike paistis ja vesi nägi kutsuv välja. Hingasin sügavalt sisse ja sukeldusin, tundes vee jahedat embust. Ujusin mõnda aega ringi, nautides liikumist ja võimalust oma pead puhastada. Mõne aja pärast tulin välja ja kuivatasin end ära, siis istusin rätikule, et päikese käes lõõgastuda. Sulgesin silmad ja lasin **soojusel** end üle ujutada, tundes, kuidas mu lihased hakkavad lõdvestuma. Äkki kuulsin pritsimist ja avasin silmad, et näha oma väikest õde madalas otsas ringi **püherdamas.** Naeratasin ja vaatasin teda mõnda aega, siis tõusin püsti ja läksin tema juurde. Me vestlesime natuke aega ja sõimlesime koos, nautides teineteise seltskonda. Varsti liitusid meiega ka meie vanemad ning me veetsime ülejäänud pärastlõuna koos ujudes ja mängides. Alati oli nii tore veeta aega koos perega basseinis. Vees olemises on **midagi sellist,** mis toob inimesed lihtsalt kokku. Võib-olla sellepärast, et vees olles oleme kõik võrdsed - me ei saa varjata oma vigu ega teeselda, et oleme midagi, mida me ei ole. Või on see lihtsalt sellepärast, et see on lõbus! **Mis iganes** põhjus, mul oli lihtsalt hea meel, et saime kõik kokku tulla ja nautida üksteise seltskonda sellises erilises kohas.

Andare a nuotare

La piscina era sempre un luogo **rinfrescante** e oggi non era diverso. Il sole splendeva e l'acqua sembrava invitante. Feci un respiro profondo e mi tuffai, sentendo il fresco abbraccio dell'acqua. Nuotai per un po', godendomi l'esercizio e la possibilità di schiarirmi le idee. Dopo un po' uscii e mi asciugai, poi mi sedetti su un asciugamano per rilassarmi al sole. Chiusi gli occhi e lasciai che il **calore** mi avvolgesse, sentendo i miei muscoli iniziare a rilassarsi. All'improvviso sentii uno spruzzo e aprii gli occhi per vedere la mia sorellina **che sguazzava** nel basso fondale. Sorrisi e la osservai per un po', poi mi alzai e mi avvicinai a lei. Chiacchierammo per un po' e pagaiarono insieme, godendo della reciproca compagnia. Presto i nostri genitori ci raggiunsero e passammo il resto del pomeriggio nuotando e giocando insieme. Era sempre così bello passare del tempo con la famiglia in piscina. C'è **qualcosa** nello stare in acqua che sembra unire le persone. Forse perché quando siamo in acqua siamo tutti uguali, non possiamo nascondere i nostri difetti o fingere di essere ciò che non siamo. O forse è solo perché è divertente! **Qualunque sia** la ragione, mi ha fatto piacere che ci siamo riuniti tutti insieme e che ci siamo goduti la reciproca compagnia in un luogo così speciale.

Päike peksis mu nahale ja õhus oli kloorilõhn. Kuulsin laste naeru ja basseinis pritsimist. Lamasin basseini kõrval oleval lamamistoolil, imesin päikest ja **nautisin** päeva. Mul olid silmad kinni ja ma olin just unne vajumas, kui kuulsin, kuidas keegi minu juurde kõndis. Avasin silmad ja nägin enda kõrval seisvat naist. Tal olid seljas bikiinid ja tal oli rätik ümber vöökoha. Tal olid pikad blondid juuksed ja sinised silmad. Ta hoidis käes pudelit **päikesekreemi.** "Kas sa ei pahanda, kui ma panen sulle selga päikesekreemi?" küsis ta. "Ei, sobib küll," ütlesin, istudes püsti, et ta saaks mu seljale ligi. Tundsin tema käsi mu nahal, kui ta päikesekreemi peale kandis.

Tema puudutus oli õrn ja päikesekreemi lõhn oli rahustav. Sulgesin taas silmad ja lasin end lõdvestada. Kuulsin tema liikumist, kuid ma ei avanud silmi. Olin rahul, kui ma lihtsalt lamasin seal päikese käes, kuulates vastu kalda **loksuvate** lainete heli. Mõne minuti pärast läks ta minema ja ma avasin silmad. Jälgisin teda, kui ta kõndis tagasi oma lamamistooli juurde ja võttis raamatu kätte. Ta istus oma toolile ja hakkas lugema. Ma sulgesin taas silmad ja lasin end unne uinutada. **Nägin unes**, et ujun basseinis, tehes ringe edasi-tagasi. Vesi oli värskendav ja jahe mu nahal.

Il sole batteva sulla mia pelle e l'odore di cloro era nell'aria. Sentivo il rumore dei bambini che ridevano e sguazzavano nella piscina. Ero sdraiata su una sedia a **sdraio** accanto alla piscina, a prendere il sole e a **godermi la** giornata. Avevo gli occhi chiusi e stavo per addormentarmi quando sentii qualcuno avvicinarsi a me. Aprii gli occhi e vidi una donna in piedi accanto a me. Indossava un bikini e aveva un asciugamano avvolto intorno alla vita. Aveva lunghi capelli biondi e occhi azzurri. Aveva in mano un flacone di **crema solare**. "Ti dispiace se ti metto un po' di crema solare sulla schiena?", mi chiese. "No, va bene", risposi, sedendomi in modo che potesse raggiungermi la schiena. Sentii le sue mani sulla mia pelle mentre applicava la crema solare.

Il suo tocco era delicato e il profumo della crema solare era rilassante. Chiusi di nuovo gli occhi e mi rilassai. Sentivo il **rumore** dei suoi movimenti, ma non aprii gli occhi. Mi accontentai di stare sdraiato al sole, ascoltando il rumore delle onde **che si infrangevano** sulla riva. Dopo qualche minuto si allontanò e io aprii gli occhi. La guardai mentre tornava alla sua poltrona e prendeva il suo libro. Si sistemò sulla sedia e iniziò a leggere. Chiusi di nuovo gli occhi e mi lasciai andare al sonno. **Sognai** che stavo nuotando in piscina, facendo dei giri avanti e indietro. L'acqua era rinfrescante e fresca sulla mia pelle.

Arusaamise küsimused

1. Kus oli jutustaja jutustuse alguses?

2. Mida haistab jutustaja, kui ta silmad avab?

3. Mida kuuleb jutustaja, kui ta silmad avab?

4. Kelle päikesekaitsekreemi annab naine jutustajale?

5. Millest unistab jutustaja?

6. Miks on meres ujumine jutustaja jaoks nii eriline?

7.Kuidas tundub vesi, milles jutustaja ujub?

8. Mida näeb jutustaja, kui ta veest välja tuleb?

9. Mida teeb naine pärast seda, kui ta päikesekaitsekreemi jutustaja peale paneb?

10. Millest räägivad jutustaja ja naine loo lõpus?

Domande di comprensione

1. Dove si trovava il narratore quando ha iniziato la storia?

2. Che odore sente il narratore quando apre gli occhi?

3. Cosa sente il narratore quando apre gli occhi?

4. Di chi è la crema solare che la donna dà al narratore?

5. Che cosa sogna il narratore?

6. Perché il bagno in mare è così speciale per il narratore?

7.Come si sente l'acqua in cui nuota il narratore?

8. Cosa vede il narratore quando esce dall'acqua?

9. Cosa fa la donna dopo aver messo la crema solare al narratore?

10. Di che cosa parlano il narratore e la donna alla fine della storia?

Muru niitmine

Kell on 10 hommikul suvisel **laupäeval** ja päike paistab juba halastamatult. Sa trügid garaaži, et muruniidukit tuua, tundes, et sind on **mõistetud** raskele tööle. Hakkate muru niitma, hoolitsedes selle eest, et käiksite kenasti ja aeglaselt, et mitte ühtegi kohta vahele jätta. Niitmise ajal mõtlete, kui hea tunne on olla värskes õhus. Kui hakkate niidukit üle muru edasi-tagasi lükkama, näete **silmanurgast** oma naabrit. Te lehvitate ja ütlete tere, ja ta lehvitab tagasi.

Mõne minuti pärast olete valmis ja lähete naabri juurde, et koos temaga eesaias õlut juua. See on **ideaalne** päev - mitte liiga kuum, puhub kerge tuul. Istute seal puu varjus, rüübates õlut ja vesteldes naabriga. Just sellised päevad panevad sind suveaega hindama. Siis **suundute** siseruumidesse hästi teenitud õlut võtma. Langete esikusse toolile ja avate purgi, lastes rahulolevalt ohkama. Niiduki heli jääb tahaplaanile, kui sa lõõgastud varjus, nautides hetke **rahulikkust.** Õlu maitseb eriti hästi pärast kogu seda rasket tööd kuumuses. Olin just suundumas sisse, kui kuulsin kõrvalmajas müra.

See **kõlas** nagu keegi oleks nutnud. Ma lõpetasin niitmise ja läksin aia juurde, mis eraldas meie õueid.

Tagliare il prato

Sono le 10 del mattino di un **sabato** estivo e il sole picchia già senza pietà. Si va in garage a prendere il tosaerba, con la sensazione di essere **condannati** ai lavori forzati. Iniziate a tagliare il prato, facendo attenzione ad andare piano per non perdere nessun punto. Mentre si taglia, si pensa a quanto sia bello stare all'aria aperta. Mentre iniziate a spingere il tosaerba avanti e indietro per il prato, con la coda dell'**occhio** vedete il vostro vicino. Lo salutate con la mano e lui ricambia.

Dopo qualche minuto, avete finito e vi recate a casa del vostro vicino per bere una birra con lui nel giardino davanti a casa. È una giornata **perfetta**: non fa troppo caldo e soffia una leggera brezza. Ci si siede all'ombra dell'albero, sorseggiando la birra e chiacchierando con il vicino. Sono giornate come questa che fanno apprezzare l'estate. Poi si **entra** in casa per una meritata birra. Ci si sdraia su una sedia del portico e si apre la lattina, tirando un sospiro soddisfatto. Il rumore del tosaerba passa in secondo piano mentre vi rilassate all'ombra, godendovi la **tranquillità del** momento. La birra ha un sapore ancora più buono dopo tutto quel duro lavoro al caldo. Stavo per rientrare in casa quando ho sentito un rumore nella stanza accanto.

Vaatasin üle ja nägin oma naabrit, proua Johnsoni, kes nuttis oma veranda kiigel. Hüüdsin talle, kuid ta ei kuulnud mind. Ronisin üle aia ja kõndisin tema juurde. “Proua Johnson, kas teil on kõik korras?” Küsisin. Ta vaatas mulle pisarad silmis otsa ja raputas pead. “Ei, ma ei ole korras,” ütles ta. “Mu kass suri eile.” Ma olin šokeeritud. Ma ei teadnud, mida öelda. Seisin lihtsalt kohmetult, teadmata, mida teha. Lõpuks panin käe tema **õlale** ja ütlesin: “Mul on väga kahju, proua Johnson. Kui ma saan kuidagi aidata, palun andke mulle teada. “ Ta raputas pead ja ütles: “Ei, keegi ei saa **midagi** teha.” Siis tõusis ta püsti ja läks oma majja. Seisin seal hetkeks, teadmata, mida teha. Siis läksin tagasi muru niitma. Kui ma lõpetasin, ei saanud ma muud teha, kui mõtlesin proua Johnsonile ja tema kassile.

Sembrava che qualcuno stesse piangendo. Smisi di falciare e mi avvicinai alla recinzione che separava i nostri cortili. Mi affacciai e vidi la mia vicina, la signora Johnson, che piangeva sul dondolo del suo portico. La chiamai, ma non mi sentì. Scavalcai la recinzione e mi avvicinai a lei. “Signora Johnson, sta bene?”. Le chiesi. Lei mi guardò con le lacrime agli occhi e scosse la testa. “No, non sto bene”, disse. “Ieri è morto il mio gatto”. Ero scioccato. Non sapevo cosa dire. Rimasi lì impacciato, senza sapere cosa fare. Alla fine le misi una mano sulla **spalla** e dissi: “Mi dispiace molto, signora Johnson. Se posso fare qualcosa per aiutarla, me lo faccia sapere”. “Lei scosse la testa e disse: “No, nessuno può fare **niente**”. Poi si alzò ed entrò in casa sua. Rimasi lì per un momento, senza sapere cosa fare. Poi tornai a tagliare il prato. Mentre finivo, non potei fare a meno di pensare alla signora Johnson e al suo gatto.

Arusaamise küsimused

1. Mis kellaaeg on?

2. Kus inimene niidab?

3. Kuidas inimene end tunneb?

4. Miks peab inimene niitma aeglaselt?

5. Milline ilm on?

6. Mida teeb inimene pärast niitmist?

7. Mida kuuleb inimene enne koju minekut?

8. Kes on koos proua Johnsoniga?

9. Miks proua Johnson nutab?

10. Mida ütleb isik proua Johnsonile?

Domande di comprensione

1. Che ora è?

2. Dove si trova la persona che sta falciando?

3. Come si sente la persona?

4. Perché la persona deve falciare lentamente?

5. Che tempo fa?

6. Cosa fa la persona dopo la falciatura?

7. Cosa sente la persona prima di tornare a casa?

8. Chi è con la signora Johnson?

9. Perché la signora Johnson piange?

10. Cosa dice la persona alla signora Johnson?

Juukselõikuse saamine

Ma olin juba nädalaid tahtnud juuksurile minna, kuid kuidagi õnnestus mul seda alati edasi lükata. Aga kuna **jõulud on** kohe nurga taga, teadsin, et ei saa seda enam edasi lükata. Ma ei tahtnud ilmuda oma pere jõuluõhtusöögile räpase välimusega. Nii et jõuluhommikul läksin varakult salongi. Kuigi oli vara, oli salong juba hõivatud teiste inimestega, **kes olid** pühadeks juukseid tegemas. Võtsin oma koha järjekorras ja ootasin oma järjekorda. Lõpuks oli minu kord toolis. Stilist, sõbralik naine nimega Jill, küsis minult, mida ma soovin. “Lihtsalt trimmi, mitte midagi liiga drastilist,” vastasin. Jill asus tööle, lõigates mu juukseid. Kui ta töötas, hakkasin ma lõdvestuma. Tundus hea, et ma lõpuks ometi hoolin enda eest. Olin viimasel ajal nii palju tööd teinud, jooksnud ringi, hoolitsedes kõigi teiste eest, et olin lasknud omaenda vajadused kõrvale jätta. Aga **enam** mitte. Nüüdsest peale võtsin ma endale aega.

Kui Jill oli lõpetanud, vaatasin peeglisse ja olin rahul sellega, mida nägin. Mu juuksed nägid välja korrastatud ja lihvitud - ideaalsed pühade puhul. Ma **tänasin** Jilli ja panin **endale kirja,** et tuleksin sagedamini tagasi.

Tagliarsi i capelli

Erano settimane che volevo tagliarmi i capelli, ma in qualche modo riuscivo sempre a rimandare. Ma con il **Natale** alle porte, sapevo che non potevo più rimandare. Non volevo presentarmi alla cena di Natale della mia famiglia con un aspetto trasandato. Così, la mattina presto di Natale, mi sono recata al salone. Anche se era presto, il salone era già pieno di persone che **si facevano** fare i capelli per le feste. Presi posto nella fila e aspettai il mio turno. Finalmente arrivò il mio turno sulla poltrona. La parrucchiera, una donna gentile di nome Jill, mi chiese cosa volessi. "Solo una spuntatina, niente di troppo drastico", risposi. Jill si mise al lavoro, tagliando i miei capelli. Mentre lavorava, cominciai a rilassarmi. Mi sentivo bene a prendermi finalmente cura di me stessa. Ultimamente ero stata così occupata a correre in giro per prendermi cura di tutti gli altri, che avevo lasciato cadere in secondo piano i miei bisogni. Ma **ora** non **più**. D'ora in poi avrei trovato il tempo per me stessa.

Quando Jill ha finito, mi sono guardata allo specchio e sono rimasta soddisfatta di ciò che ho visto. I miei capelli avevano un aspetto ordinato e curato, perfetto

Nüüdsest peale hoolin ma eelkõige enda eest. Ta asus mu juukseid kärpima. Mõtlesin, kui tänulik olin, et olin lõpuks ometi jõudnud juuksurile minna. Oli hea teada, et näen **jõuluõhtusöögiks** esinduslik välja. Enam ei pidanud ma muretsema, et mu perekond kiusab mind mu “räpase” välimuse pärast. Mõne minuti pärast oli stilist mu juukseid viimistlenud ja föönitas mind kiiresti. Vaatasin peeglisse ja olin rahul sellega, mida nägin - puhas välimus, mis sobiks ideaalselt jõuluõhtusöögiks. Nüüd, kui mu juukselõikus oli tehtud, võisin keskenduda pühade nautimisele koos perega. Ja olin selle eest veelgi tänulikum.

See tundus nii **vabastav** ja mulle meeldis, kuidas mu uus soeng välja nägi. Pärast seda, kui olin juukselõikuse eest maksnud, läksin koju ja hakkasin reisiks pakkima. Ma **ei suutnud** ära oodata, et oma uut välimust oma perele ja sõpradele näidata. Ma teadsin, et nad oleksid üllatunud, kui nad mind näeksid. Lennupäeval jõudsin lennujaama, kus mul oli piisavalt aega. Läksin probleemideta läbi turvakontrolli ja peagi olin juba teel. Niipea, kui ma sihtkohta jõudsin, tundsin õhus valitsevat põnevust. Jõulud olid kindlasti õhus! Mu pere oli mind lennujaamas tervitamas ja nad kõik olid mu uue juukselõikuse üle üllatunud.

per le feste. **Ringraziai** Jill e presi **nota** di tornare più spesso. D'ora in poi mi prenderò cura di me stessa prima di tutto. Si mise al lavoro per tagliare i miei capelli. Pensai a quanto fossi grata di essermi finalmente decisa a tagliarmi i capelli. Era bello sapere che sarei stata presentabile per la **cena** di Natale. Non avrei più dovuto preoccuparmi che la mia famiglia mi prendesse in giro per il mio aspetto "trasandato". Dopo qualche minuto, la parrucchiera finì di tagliarmi i capelli e mi diede una rapida asciugata. Mi guardai allo specchio e fui felice di ciò che vedevo: un look pulito che sarebbe stato perfetto per la cena di Natale. Ora che il taglio di capelli era stato superato, potevo concentrarmi sulle vacanze con la mia famiglia. Ed ero ancora più grata per questo.

Mi sentivo così **libera** e adoravo l'aspetto del mio nuovo taglio di capelli. Dopo aver pagato il taglio, sono tornata a casa e ho iniziato a fare i bagagli per il mio viaggio. **Non** vedevo l'ora di mostrare il mio nuovo look alla mia famiglia e ai miei amici. Sapevo che sarebbero rimasti sorpresi quando mi avrebbero visto. Il giorno del volo sono arrivata all'aeroporto con molto tempo a disposizione. Ho superato i controlli di sicurezza senza problemi e presto sono partita. Non appena arrivai a destinazione, sentii l'eccitazione nell'aria. Il Natale era decisamente nell'aria! La mia famiglia era lì ad accogliermi all'aeroporto ed erano tutti stupiti del mio nuovo taglio di capelli.

Arusaamise küsimused

1. Mida pidi peategelane enne jõule tegema?

2. Kuidas tundis peategelane, kuidas ta enda eest hoolitses?

3. Kes trimmis peategelase juukseid?

4. Miks peategelase perekond teda kiusab?

5. Kuidas tundis peategelane end pärast juukselõikuse saamist?

6. Mida tegi peategelane pärast seda, kui ta sai oma juukseid lõigatud?

7. Kuidas reageeris peategelase perekond tema juukselõikusele?

8. Mida tegi peategelane jõuluõhtul?

9. Mis tegi peategelase kogemuse erilisemaks?

10. Mis juhtuks, kui peategelane ei saaks juukseid lõigata?

Domande di comprensione

1. Che cosa doveva fare il protagonista prima di Natale?

2. Come si è sentita la protagonista nel prendersi cura di sé?

3. Chi ha tagliato i capelli al protagonista?

4. Perché la famiglia della protagonista la prendeva in giro?

5. Come si è sentita la protagonista dopo essersi tagliata i capelli?

6. Che cosa ha fatto la protagonista dopo essersi tagliata i capelli?

7. Qual è stata la reazione della famiglia della protagonista al suo taglio di capelli?

8. Che cosa ha fatto il protagonista la vigilia di Natale?

9. Cosa ha reso più speciale l'esperienza del protagonista?

10. Cosa succederebbe se il protagonista non si tagliasse i capelli?

Park

Päike oli loojumas ja park oli tühi. Istusin pingil ja ootasin oma **sõpra**. Meil oli plaanis siin tund aega tagasi kohtuda, kuid ta jäi alati hiljaks. Just siis, kui olin just loobumas ja koju minemas, nägin teda minu poole jooksmas. “Mul on nii kahju,” ohkas ta pingile jõudes. “Mu rong **hilines**.” “See on okei,” ütlesin ma **andestavalt**. “Ma ise just jõudsin siia.” Me istusime maha ja vestlesime mõnda aega, rääkides üksteise elust alates viimasest kohtumisest. Vestlus kulges **kergesti** ja tundus, et viimasest kokkusaamisest ei ole üldse aega möödunud. Kui päike loojus, jätsime hüvasti ja läksime oma teed. Järgmine kord kohtusime teises pargis. Ta oli jälle hiljaks jäänud, kuid mind ei häirinud see. Oli tore, et oli keegi, kellega rääkida, kes mind **mõistis.** Me rääkisime oma unistustest ja **püüdlustest**, asjadest, mida me tahtsime oma eluga teha. Ta rääkis mulle oma plaanidest reisida mööda maailma ja mina jagasin oma unistust saada kirjanikuks. Kui päike loojus, jätsime veel kord hüvasti, lubades seekord ühendust hoida.

Aastad möödusid ja meie **sõprus** jäi tugevaks, kuigi me elasime nüüd erinevates riigiosades. Me hoidsime ühendust kirjade ja aeg-ajalt telefonikõnede kaudu, jagades üksteisega uudiseid oma elust. Kui ta

Il parco

Il sole stava tramontando e il parco era vuoto. Mi sedetti sulla panchina ad aspettare la mia **amica**. Avevamo programmato di incontrarci qui un'ora fa, ma lei era sempre in ritardo. Proprio quando stavo per arrendermi e tornare a casa, la vidi correre verso di me. "Mi dispiace tanto", ansimò quando raggiunse la panchina. "Il mio treno è **in ritardo**". "Non c'è problema", dissi **con indulgenza**. "Sono appena arrivato anch'io". Ci siamo seduti e abbiamo chiacchierato per un po', aggiornandoci sulle nostre vite dall'ultima volta che ci siamo visti. La conversazione è fluita **facilmente** e ci è sembrato che non fosse passato affatto del tempo dall'ultima volta che ci siamo visti. Al tramonto ci siamo salutati e abbiamo preso strade diverse. La volta successiva ci incontrammo in un altro parco. Anche in questo caso era in ritardo, ma non mi dispiaceva. Era bello avere qualcuno con cui parlare che mi **capisse**. Parlammo dei nostri sogni e delle nostre **aspirazioni**, delle cose che volevamo fare nella nostra vita. Lei mi parlò dei suoi progetti di viaggiare per il mondo e io le confidai il mio sogno di diventare scrittrice. Al tramonto di un altro giorno, ci siamo salutate ancora una volta, promettendo di tenerci in contatto questa volta.

Gli anni sono passati e la nostra **amicizia** è rimasta

teatas, et kavatseb abielluda, ei olnud ma **üllatunud** - ta oli alati olnud **seiklushimuline** tüüp. Aga kui ta küsis minult, kas ma oleksin tema pruutneitsi tema pulmatseremoonial, mis toimub minu elukohast teisel pool maakera... see nõudis veenmist! Lõpuks ei saanud ma siiski lasta oma parimal sõbrannal abielluda ilma minuta tema kõrval, nii et vaatamata oma hirmudele (ja pärast tema palvetamist) **olin nõus** minema kaasa, mis osutus elu suurimaks **seikluseks.**

Lõpuks saabus **pulmapäev.** Olin närvis, kuid põnevil, et võin olla osa nii olulisest hetkest oma sõbra elus. Tseremoonia oli ilus ja ta nägi õnnelik välja, kui ta oma tõotusi ütles. **Pärast seda** tähistasime seda suure peoga - tundus, et kõik tema tuttavad olid tulnud temaga koos pidutsema! See oli **maagiline** päev, mida ma ei unusta kunagi, ja meie sõprus kasvas pärast seda seiklust ainult tugevamaks. Nüüd, aastaid hiljem, hoiame ikka veel ühendust. Me mõlemad oleme pärast esimest kohtumist palju **muutunud, kuid** meie sõprus on sama tugev kui kunagi varem. Iga kord, kui me kohtume - olgu see siis pargis või **teisel pool** maailma -, tundub, et aeg ei olegi möödunud.

forte, anche se ora viviamo in zone diverse del Paese. Ci siamo tenute in contatto tramite lettere e telefonate occasionali, condividendo le notizie della nostra vita. Quando annunciò che si sarebbe sposata, non ne fui **sorpreso**: era sempre stata un tipo **avventuroso**. Ma quando mi ha chiesto di farle da damigella d'onore alla cerimonia di matrimonio che si sarebbe svolta a metà strada dal luogo in cui vivevo... c'è voluto un po' per convincerla! Alla fine, però, non potevo permettere che la mia migliore amica si sposasse senza di me al suo fianco, così, nonostante le mie paure (e dopo molte suppliche da parte sua!), ho **accettato** di partecipare a quella che si è rivelata l'**avventura** di una vita.

Finalmente è arrivato il giorno del **matrimonio**. Ero nervosa, ma entusiasta di partecipare a un momento così importante della vita della mia amica. La cerimonia è stata bellissima e lei sembrava felice mentre pronunciava le sue promesse. **Dopo**, abbiamo festeggiato con una grande festa: sembrava che tutti i suoi conoscenti fossero venuti a festeggiare con lei! È stato un giorno **magico** che non dimenticherò mai, e la nostra amicizia si è rafforzata dopo quell'avventura. Ora, a distanza di anni, ci teniamo ancora in contatto. Siamo **cambiate** molto da quando ci siamo conosciute, ma la nostra amicizia è più forte che mai. Ogni volta che ci incontriamo, che sia in un parco o **dall'altra parte del** mondo, sembra che il tempo non sia mai passato.

Arusaamise küsimused

1. Kus kohtusid autor ja tema sõber esimest korda?

2. Miks hilines autori sõber nende kohtumisele?

3. Millest rääkisid sõbrad, kui nad aastaid hiljem uuesti kohtusid?

4. Kuidas tundis autor oma sõbra pulmatseremoonial osalemist?

5. Kirjeldage pulmatseremoonia toimumiskohta.

6. Kuidas on kahe naise vaheline sõprus aja jooksul muutunud?

7. Mis on autori unistus?

8. Kuhu kavatseb autori sõber reisida?

9. Miks kõhkles autor oma sõbra pulmatseremoonial osaleda?

Domande di comprensione

1. Dove si sono incontrati per la prima volta l'autrice e la sua amica?

2. Perché l'amico dell'autore è arrivato in ritardo all'incontro?

3. Di che cosa hanno parlato gli amici quando si sono rivisti anni dopo?

4. Come si è sentita l'autrice ad assistere alla cerimonia di matrimonio della sua amica?

5. Descrivete l'ambientazione della cerimonia nuziale.

6. Come è cambiata l'amicizia tra le due donne nel corso del tempo?

7. Qual è il sogno dell'autore?

8. Dove intende viaggiare l'amico dell'autore?

9. Perché l'autrice esitava a partecipare alla cerimonia di matrimonio della sua amica?

www.ingramcontent.com/pod-product-compliance
Lightning Source LLC
LaVergne TN
LVHW010603160826
845677LV00013B/3223

9798846225497